KB124883

슬기로운
무역취업

무역·해외영업 취업을 위한 완벽 가이드

슬기로운 무역취업

이기찬(이기찬무역연구소) 지음

중앙경제평론사

무역직이나 해외영업직으로 취업하고자 하는 학생들이 많다. 하지만 무역직이나 해외영업직이 구체적으로 어떤 일을 하고 해당 직군에 취업하기 위해서 무엇을 준비해야 할지를 정확히 아는 취업준비생은 많지 않다.

무역현장 경험이 없는 취업전문가나 기업 인사담당자들의 취업특강은 현장과는 동떨어진 일반론에 그치는 경우가 대부분이다. 실제 무역현장에서 일하는 선배들의 특강자리도 특정 기업의 홍보에 그칠 때가 많다.

무역을 전업으로 하는 종합상사에서 무역 관련 학과 전공자를 찾아보기 힘들고 국제무역사 시험이 취업에 특별한 도움이 되지 않는 현실에 직면하기도 한다. 취업은 정보 싸움이다. 취업전쟁에서 이기기 위해서는 정확한 현장정보에 입각해서 치밀한 취업전략을 세워야 한다.

이 책에서는 무역 및 해외영업현장의 생생한 모습을 전달하고 해당 직군에 취업하기 위해서 준비해야 할 것들을 일목요연하게 정리함으로써 취업준비생들이 자신감을 가지고 취업전선에 나설 수 있도록 하였다.

또한 무역직이나 해외영업직으로 무역현장에서 일할 때 참고할 수 있도록 무역실무의 핵심적인 내용을 무역서식과 함께 소개함으로써 이 책을 단순히 취업준비서뿐만 아니라 실무지침서로도 활용할 수 있도록 하였다.

이 책에는 종합상사에서 커리어를 시작하고 다양한 무역현장에서 일했으며 신입사원 교육은 물론 대학생을 상대로 취업상담 및 취업특강에 나섰던 나의 축적된 경험이 총망라되어 있다.

이 책이 무역직이나 해외영업직에 도전하는 취업준비생들에게 실질적인 나침반 역할을 할 수 있기를 기대한다.

Contents

무역취업 상담실

3장 무역실무 이것만 알면 OK

4장 무역서식의 모든 것

5장   무역영어의 이해

1장

무역취업 특강

무역에 관한 세 가지 퀴즈

무역을 간단하게 정의하면 무언가를 외국에 팔거나 외국에서 사오는 것이다. 따라서 외국에 무언가를 팔거나 외국에서 무언가를 사오는 모든 회사는 일종의 무역회사라고 할 수 있다. 여기서 몇 가지 퀴즈를 풀어보자.

첫 번째 퀴즈, 전 세계에서 가장 큰 무역회사는?

정답은 바로 월마트다. 매출액 기준 전 세계 최상위권 기업인 월마트는 매장에서 판매되는 대부분의 물건을 전 세계 각국에서 수입한다. 품목 수로 보나 금액으로 보나 세계 제일의 무역회사가 아닐 수 없다.

두 번째 퀴즈, 우리나라에서 제일 큰 무역회사는?

삼성물산이나 포스코인터내셔널 같은 종합상사를 떠올릴 수 있지만 정답은 삼성전자다. 반도체와 휴대폰 및 각종 전자제품을 수출할뿐더러 이들 제품을 생산하는 데 필요한 장비나 부품을 어마어마하게 수입한다. 전체적인 무역액이 타의 추종을 불허하는 우리나라 최대의 무역회사가 아닐 수 없다.

세 번째 퀴즈, 다음 중 무역회사가 아닌 곳은?

삼성전자, 이마트, 대한항공, 아산병원, KBS, 신한은행, 엔씨소프트, 교보문고, 하이브

정답은 모두 무역회사다. 삼성전자와 이마트는 당연히 무역회사이고 대한항공에서는 비행기를 수입하고 아산병원에서는 의료장비를 수입한다. KBS에서는 방송기자재를 수입하고 드라마를 비롯한 방송프로그램을 수출한다. 엔씨소프트에서는 게임을 수출하고 교보문고에서는 외국서적을 수입한다. 하이브 소속인 BTS가 해외공연을 하고 벌어들이는 수익금도 당연히 수출실적에 포함된다.

결론적으로 우리나라의 내로라하는 기업들은 모두 무역회사라

고 할 수 있다. 심지어 이름을 들어본 적도 없는 중소기업조차 무역회사가 아닌 회사를 찾기가 어렵다. 외국과는 담을 쌓고 국내 업체와의 거래에만 집착하는 회사가 있다면 머지않아 도태될 확률이 높다. 거의 대부분의 회사에서 누군가는 외국에 무언가를 팔거나 외국에서 무언가를 사오는 일을 맡고 있는 셈이다.

취업이 어렵다는 불평을 늘어놓기 전에 무역직이나 해외영업직으로 일할 수 있는 기회를 놓치고 있는 건 아닌지 돌아볼 필요가 있다. 지금 이 순간에도 무역직이나 해외영업직으로 일할 사람을 구하지 못해서 애태우는 중소기업들이 줄지어 있다. 세계를 상대로 꿈을 펼칠 수 있는 기회가 널려 있다.

무역이 사양길에 접어들었는가

취업을 앞둔 대학생들로부터 자주 받는 질문 중 하나가 과연 무역이 비전이 있는 분야인가 하는 것이다. 한때 우리나라에서 가장 인기 있었던 직장 가운데 하나였던 종합상사조차 쇠퇴의 기색이 역력한 것을 두고 아무래도 무역이 사양길에 접어든 것이 아닌가 하는 의구심이 높아지고 있는 것이 사실이다.

하지만 우리나라 국내총생산(GDP)에서 무역이 차지하는 비중인 무역의존도가 60%를 넘나들고 G20국가 중 중계무역국가인 네덜란드를 제외하고는 독일, 멕시코와 더불어 최상위권을 유지하고 있다. 또 국가별 수출순위에서도 영국을 멀찌감치 따돌리고 프랑스, 이탈리아와 각축을 벌이며 세계 6~7위권을 고수할 정도로 우리나라 경제에서 무역이 차지하는 비중은 확고하다.

그럼에도 불구하고 무역이 사양길을 걷고 있는 것처럼 비치는 이유는 무엇일까? 무역회사가 주도했던 수출입거래가 제조업체나 유통업체 위주로 재편되고 있기 때문이다. 즉 예전에는 제조업체와 유통업체에서 물건을 만들거나 팔기만 하고 수출입거래는 무역회사를 통해서 하는 것이 일반적이었다. 하지만 이제는 국제화가 진행되고 무역의 대중화가 이루어지면서 제조업체에서 자신이 생산한 제품을 직접 수출하거나 유통업체에서 자기가 팔물건을 직접 수입하는 형태로 바뀌었다. 그러다 보니 타사제품을 수출하거나 수입한 물건을 타사를 통해 판매해야 하는 순수한 무역회사들의 입지는 갈수록 약화될 수밖에 없다.

또한 계열기업의 수출입창구 역할을 하면서 덩치를 키웠던 종합상사들도 재벌구조개혁과 계열사별 독립경영이 가시화되면서 더 이상 계열기업을 등에 업고 실적을 올릴 수 없는 처지에 몰리면서 급격히 쇠퇴의 길을 걷고 있다. 반대로 그동안 종합상사를 통해 수출입거래를 하던 계열사들이 직접 수출입에 나섬에 따라 이들 업체의 무역부 혹은 해외영업부서의 인기는 상종가를 치고 있다.

제조업체에서 해외영업부서가 연구개발부서를 제치고 가장 중요한 부서로 인정받는 기업이 늘어나고 있다. 아무리 좋은 물건을 개발했다고 해도 팔지 못하면 아무 소용이 없고 국내시장 확장에 한계가 있음을 감안한다면 해외시장 개척이야말로 기업의 사활이 걸린 문제가 아닐 수 없다.

이런 관점에서 보면 무역이 사양길에 접어든 것이 아니라 무역을 전업으로 하는 무역회사의 입지만 약화되었을 뿐 오히려 일반 제조업체나 유통업체 내의 해외영업부서나 수입 관련 업무를 담당하는 부서의 입지는 갈수록 강화되고 있다는 것이 정확한 지적이다.

그뿐만 아니라 무역의 대상이 눈에 보이는 물건에만 국한되는 것이 아니라 문화상품이나 콘텐츠, 게임 등과 같이 눈에 보이지 않는 무체물까지로 확대됨으로써 무역 전성시대가 열리고 있다는 주장에 귀를 기울여볼 만하다.

인공지능이 대체할 수 없는 직업

미래를 예측하는 기사의 단골메뉴 중 하나가 미래에 사라질 직업에 관한 것이다. 현재 존재하는 직업 중 상당수가 머지않은 미래에 사라질 것이라는 예측이다. 무역직이나 해외영업직의 미래는 어떨까? 언젠가는 인공지능(AI)이 무역이나 해외영업 일을 전담하지 않을까?

물론 현재 무역직이나 해외영업직이 하는 업무 중 상당 부분은 AI로 대체될 것이다. 원가계산을 하고 선적서류를 작성하는 업무는 물론 운송과 통관 관련 업무도 AI가 처리한다고 해서 크게 놀랄 일이 아니다.

문제는 셀러와 바이어가 협상을 통해 계약에 이르기까지의 과정이다. 가격이나 결제방식과 같은 계약조건을 제시하고 각자에게 유리한 조건에 합의하기 위해 줄다리기를 하는 과정을 AI가 대신할 수 있을까? 무역계약에 따른 제반 조건을 숫자로만 판단하고 미리 만들어놓은 공식에 의해 처리한다면 가능할 것이다.

하지만 무역협상이라는 것이 정해진 공식에 의해 숫자만 가지고 진행되는 것이 아니다. 대차대조표나 손익계산서상으로는 완벽한 회사라도 실제 내용은 형편없을 수도 있고 최저가로 오퍼한 물건을 수입했다가 품질 문제로 골치를 썩일 수도 있다. 객관적인 자료나 숫자상으로 완벽한 상대로부터 사기를 당할 수도 있다. 원래 사기꾼일수록 외형상 완벽해 보이는 법이다. 객관적인 자료와 숫자만으로 판단하는 AI에 무역협상을 맡긴다면 엉뚱한 결과가 초래될 여지가 다분하다.

물론 사람이 일한다고 해서 이런 문제들을 완벽하게 막을 방도는 없다. 하지만 상담과정에서 단순히 숫자와 같은 객관적 자료만 검토하는 것이 아니라 물건의 성능이나 디자인을 꼼꼼히 살펴보고 다양한 경로를 통해 상대방의 평판을 알아봄으로써 객관적 자료에만 의존하는 AI보다는 거래에 따르는 위험을 줄일 수 있다.

무엇보다 중요한 것은 거래처와 인간적인 관계를 수립함으로써 장기적으로 안정적인 거래관계를 유지할 수 있다는 것이다. 무역도 결국 사람과 사람의 거래이므로 인간적인 신뢰관계를 쌓을수록 거래가 활성화되고 문제해결이 원활해지는 것은 자명하다.

오랫동안 거래관계를 유지하던 업체에서 일시적인 문제가 발생했을 때 손해를 감수하고라도 거래관계를 유지함으로써 장기적으로 더 큰 이익이 돌아올 수도 있다. 객관적인 자료에 입각해서 기계적인 판단을 내리는 AI에 이런 인간적인 결정을 기대하기는 어렵다.

결론은 아무리 AI가 발달한다고 해도 무역직이나 해외영업직은 사라지지 않는다는 것이다.

이 세상 최고의 직업

이 세상의 하고많은 직업 중에서 무역직보다 멋있고 매력 있는 직업을 찾기 어렵다. 세계 각국의 다양한 사람들을 상대하고 외국여행 기회가 주어지며 거래 성사에 따르는 성취감 또한 적지 않으니 그 어떤 직업도 부럽지 않다. 한때 배우자감 1호로 꼽혔던 의사나 변호사와 비교하더라도 비록 수입 면에서는 떨어질지 모르지만 일하면서 누릴 수 있는 자유로움이나 성취감을 감안한다면 무역직이 훨씬 더 매력 있는 직업이 아닐 수 없다.

무역직이라는 직업의 매력을 좀 더 구체적으로 살펴보자. 우선 꼽을 수 있는 것이 다른 어떤 직업보다도 거래 성사에 따르는 성취감이 크다는 것이다. 나와 문화적 배경과 언어가 다른 사람을 상대로 거래를 성사시키는 것은 실제로 경험해 본 사람만이 느낄 수 있는 대단한 기쁨을 안겨준다.

두 번째로 꼽을 수 있는 것이 다른 어떤 직업보다도 다양한 사람과 문화를 접할 수 있다는 것이다. 우리가 다른 나라의 다양한 문화를 접하기 위해 자기 돈을 들여서 외국여행에 나서기도 하는데 무역 일을 하다 보면 자기 돈을 한 푼도 들이지 않고도 다양한 외국 사람들과 교제하고 외국 문화를 접할 기회가 생기게 마련이다. 하루 종일 법전이나 환자들 속에 파묻혀 살아야 하는 변호사나 의사들로서는 꿈도 꾸지 못할 대단한 특권인 셈이다.

업무를 통해 국제적 감각을 기를 수 있고 국제매너에도 익숙해진다는 부수적 이점도 있다. 무역거래를 하기 위해 비록 업무상이지만 자주 외국 사람들을 상대하다 보면 자신도 모르게 국제적인 감각도 길러지고 국제매너에도 익숙해지기 마련이다. 글로벌 시대를 살아가는 현대인으로서는 상당한 메리트가 아닐 수 없다.

무엇보다도 무역직의 가장 큰 매력은 그 어떤 직업보다도 자유롭다는 것이다. 무역의 특성상 다양한 국내외 거래처와의 접촉이 필수적이라 시간과 공간에 구애받지 않고 자유롭게 업무를 처리할 수 있기 때문이다. 정해진 시간과 공간의 틀 속에서 벗어날 수 없는 직업을 가진 사람들에게는 꿈같은 일이다.

물론 무역직이라고 해서 좋은 면만 있는 것은 아니다. 거래가 성사되기까지 많은 시간이 소요되고, 무역사기에 휘말릴 수도 있으며, 때로는 궂은일도 마다하지 않아야 한다. 평균적인 수입 면에서도 변호사나 의사 같은 직업보다 떨어지는 것도 사실이다.

하지만 이런 모든 문제에도 불구하고 무역직이란 직업은 글로벌시대를 살아가는 젊은이로서 누구나 한번쯤 도전해볼 만한 멋진 직업이 아닐 수 없다. 한 번뿐인 인생을 살면서 보다 다양한 사람들과 어울리며 더 다양한 경험을 쌓을 수 있다는 것은 얼마나 행복한 일인가?

무역직의 어두운 면

이 세상에 존재하는 어떤 직업이든 밝은 면과 어두운 면이 함께 있기 마련이다. 밖에서 보면 화려하고 멋있어 보이는 연예인이나 스포츠스타의 경우에도 공황장애에 시달릴 정도로 힘들어하는 경우가 많은 것이 세상의 이치다. 무역직의 경우에도 분명 어두운 면이 있다.

첫째, 문제가 많이 발생한다. 같은 나라 사람들끼리도 일하다 보면 여러 가지 문제에 부딪히게 되는데 언어도 다르고 문화도 다른 사람들끼리 무역거래를 하다 보면 여러 가지 예기치 못한 문제에 봉착하기 마련이다. 처음 거래를 트기도 힘들고 전혀 예상하지 못한 데서 문제가 발생하기도 한다. 당사자와는 상관없는 국가 간의 문제 때문에 거래가 막히기도 하고 운송이나 통관에 문제가 생겨서 애를 태우기도 하며 환율이 급변하여 막대한 손해를 보기도 한다.

둘째, 문제해결이 어렵다. 국내거래는 물건에 이상이 있을 경우 반품을 하거나 교환할 수가 있지만 무역거래는 반품이나 교환을 통해 문제를 해결하는 것이 현실적으로 어렵다. 결국 손해배상을 청구하는 클레임을 통해 문제를 해결해야 하는데 클레임이라는 것이 서로 합의하기가 어렵고 상당 기간 줄다리기를 해야 하는 경우도 많으며 끝내 합의에 이르지 못하고 거래관계가 끊어질 수도 있다. 규모가 크거나 복잡한 클레임으로 인한 스트레스는 상상을 초월한다.

셋째, 무역사기에 휘말릴 수 있다. 서로 다른 나라 업체끼리 거래하다 보니 예상치 못한 무역사기에 휩싸이는 경우가 많다. 바이어를 가장해서 샘플만 챙기고 잠적하는 소규모 무역사기에서부터 한번 사기를 당하면 재기하기 힘들 정도로 치명상을 입는 대형 무역사기에 휘말리기도 한다. 무역사기는 리스크 관리능력이 떨어지는 중소기업에서만 당하는 일이 아니다. 국내 굴지의 대기업이 2,000만 달러가 넘는 수입대금을 수출업자의 이메일계정을 해킹한 사기꾼의 계좌로 잘못 송금한 사건이 신문지상에 대대적으로 보도된 적도 있다. 날이 갈수록 치밀해지는 사기수법 앞에 누구도 안전하지 않다.

이밖에도 시차가 있는 거래처와의 급한 연락 때문에 잠을 설치거나 휴일을 망칠 수도 있으며, 잦은 해외출장 때문에 생활 리듬이 깨질 수도 있고, 타사 제품을 수출하는 경우 물건을 확보하기 위해 제조업체의 갑질을 견뎌야 하는 등 무역직이 아니라면 겪지 않아도 되는 문제들이 많다. 이 세상에 100% 좋기만 한 직업은 없다.

독립하려면 무역을 배우라

얼마 전 캐나다로 이민 간 친구가 잠시 귀국했다. 중고등학교에다 대학교까지 같은 학교를 다녔으니 보통 친한 사이가 아닌데, 오랜만에 만난 그의 얼굴에는 시름이 가득했다. 사연을 들어보니 도대체 이민생활에 적응이 되지 않는다는 것이었다.

자연환경으로만 따지면 세상에 그보다 더 좋은 곳이 없을 정도로 깨끗한 공기며 울창한 수풀이며 마치 영화 속에 살고 있는 것처럼 더 이상 바랄 것이 없지만 문제는 일거리가 없다는 것이었다. 그는 이민생활이 삼 년째로 접어들고 있건만 아직껏 한 번도 일다운 일을 해보지 못하고 고급 룸펜으로 전락하고 말았다는 푸념을 늘어놓았다.

하기야 캐나다 사람들도 일자리를 구하지 못해서 난리인데 말도 제대로 통하지 않는 한국인이 제대로 된 일자리를 구하기가 쉬울 까닭이 없다. 그는 현지에서 한국인들을 상대로 장사라도 할까 했으나 그 또한 경기가 좋지 않아 먼저 시작한 사람들조차 문을 닫는 경우가 많아서 엄두를 내지 못하고 급기야 다시 한국에 들어와서 할 만한 일이 없을까 알아볼 요량으로 태평양을 건너오게 되었다고 했다.

무슨 일을 하고 싶으냐고 물었더니 이왕이면 사무실에서 넥타이 매고 할 수 있는 일이었으면 좋겠다고 했다. 캐나다에서야 장사라도 할 각오가 돼 있지만 아무래도 대학교까지 나온 사람이 한국에서 장사를 하기에는 좀 그렇다는 것이었다. IMF사태 이후에 우리나라 사람들의 직업관이 많이 바뀌었다고 해도 그는 좀처럼 화이트칼라 업종에 대한 미련을 버리지 못하고 무역 쪽은 어떻겠느냐며 눈치를 살폈다.

따지고 보면 월급쟁이를 제외하고 자신이 독립적으로 할 수 있는 화이트칼라 업종 중 무역만큼 만만해 보이는 직종도 없다. 하지만 아무런 경험도 없이 무역에 발을 디딘다는 것이 어디 말처럼 쉬운 일인가? 무역이라는 것이 알고 보면 아무것도 아닐지 모르지만 그래도 무역의 '무'자도 모르는 상태에서 시작하기에는 그의 나이가 너무 들었다는 것을 지적해 줄 수밖에 없었다.

솔직한 지적에 실망감을 감추지 못하던 그는 이내 자신의 직장경력을 탓하기 시작했다. 그는 꽤 알아주는 기업체에서 주로 총무나 인사 쪽 일을 담당했다. 한때는 최고경영자의 수행비서를 할 정도로 능력을 인정받았지만 막상 퇴직을 하고 독립적인 사업을 하고자 하니 그야말로 장사 외에는 할 것이 없었다. 기업체의 입장에서 보면 총무나 인사도 대단히 중요한 업무지만 독립적으로 사업을 하려는 사람에게는 별로 도움이 되는 경력이 못 되는 것 같다.

자신이 다닌 기업과 비교도 되지 않을 정도로 별 볼 일 없는 기업체에서 무역업무를 담당하다가 따로 독립해서 오퍼상이나 무역상을 하는 친구들을 보면서 부러워하기도 하고 자신의 처지를 한탄하기도 하던 그는 끝내 이민 길에 올랐고, 이제 다시 새로운 일거리를 찾아 귀국했으나 결과는 똑같을 수밖에 없었다. 결국 무역에 대한 미련을 접고 다시 캐나다행 비행기에 오르게 된 그는 '독립하려면 무역을 배우라'는 말을 되뇌어야만 했다.

무역과 해외영업의 차이

취업특강 자리에서 많이 나오는 질문 중 하나가 무역과 해외영업의 차이가 무엇이냐는 것이다. 이 두 단어는 사전적 의미와 상관없이 현장에서 사용하는 사람이나 회사에 따라서 다양하게 해석되고 있다.

일단 사전적으로 해석해 보면 무역은 무언가를 외국에 팔거나 외국에서 사오는 것이고, 해외영업은 무언가를 외국에 팔기 위한 제반 활동을 의미한다고 할 수 있다. 좀 더 세밀하게 들여다보면 무역은 수출과 수입에 따르는 제반 업무, 즉 해외거래처를 개발해서 계약조건에 합의하고 물건을 해외로 내보내거나 해외에서 들여오는 데 필요한 모든 업무를 포함하는 개념인 반면 해외영업은 해외시장에서 물건을 파는 것과 관련된 업무에 국한된다고 할 수 있다.

이상에서 살펴본 무역과 해외영업의 차이점을 간단히 정리하면, 무역은 수출과 수입 모두를 포함하지만 해외영업은 수출에만 해당되고, 무역은 수출·수입과 관련된 제반 업무를 광범위하게 다루지만 해외영업은 수출업무 중에서도 외국에 물건을 파는 영업활동 쪽에 중점을 둔다고 할 수 있다.

취업준비생들이 궁금해하는 것 중 하나가 무역직이나 해외영업직으로 입사했을 때 실제로 어떤 일을 하느냐 하는 것인데 담당 업무는 회사에 따라서 다르고 같은 회사라도 어느 부서에 배치되느냐에 따라서 달라질 수 있다.

같은 무역직이라고 해도 무역업무 전반을 담당할 수도 있고 무역업무 중에서 일부만을 담당할 수도 있으며, 같은 해외영업직이라고 해도 해외거래처를 개발해서 계약에 이르기까지 업무를 담당할 수도 있고 해외시장에서 최종소비자를 상대로 하는 영업활동을 담당할 수도 있다. 심지어 무역직으로 입사해서 은행업무만 담당하거나 해외영업직으로 입사해서 해외법인과의 연락업무만 담당하는 경우도 있다.

따라서 채용 분야가 무역직인지 해외영업직인지만 가지고 어떤 일을 담당할지를 판단하기보다는 해당 회사나 부서에서 실제로 어떤 일을 담당할 사람을 원하는지를 구체적으로 확인해 보는 것이 바람직하다.

무역직이 하는 일

무역직이 하는 일은 크게 세 가지로 나뉜다.

첫째, 해외거래처를 개발하는 일이다. 무역거래를 위해서 제일 먼저 해야 하는 일이 해외바이어나 해외공급업체를 개발하는 일이다. 해외거래처를 개발하기 전에 해외시장정보 및 무역통계를 분석하고 해외시장진출전략 등을 수립하는 것 같은 업무가 추가되기도 한다. 해외거래처는 인터넷이나 전시회 등을 통해 개발할 수 있으며 대기업의 경우에는 해외지사나 법인을 통해 해외거래처를 개발하기도 한다. 회사에 따라서는 새로운 거래처를 개발하기보다는 기존 거래처와의 거래에만 집중하는 경우도 있다.

둘째, 해외거래처와의 오더를 성사시키는 일이다. 무역직이 해야 하는 가장 핵심적인 업무로 해외거래처와 가격이나 결제방식 등과 같은 계약조건을 협의해서 합의에 이르기까지 업무가 이에 해당한다. 주로 이메일로 계약조건을 협의해야 하기에 영문으로 이메일을 작성하는 요령을 익히고 기본적인 무역용어나 절차를 알아야 한다.

셋째, 오더를 관리하는 업무로 수출의 경우 물류업체와 협력하여 운송, 보험, 통관 등의 업무를 진행하고 이에 필요한 서류를 준비하며, 수입의 경우 신용장을 개설하거나 물품대금을 송금하고 물건이 도착한 후 통관이나 국내운송을 처리해야 한다.

무역직으로 입사했을 때 위에 언급한 세 가지 업무를 다 처리할 수도 있고 그중 일부분만 담당할 수도 있다. 중소기업에 입사하면 혼자서 무역 관련 모든 업무를 처리해야 하는 경우가 많고 대기업의 경우에는 일부만 담당하는 경우가 많다.

무역직에 필요한 인성

해외거래처를 상대로 물건을 사고파는 무역직으로 일하기 위해서는 우선 외국인과 원활하게 소통하기 위한 커뮤니케이션 능력이 있어야 한다. 외국인을 상대로 하는 커뮤니케이션 능력은 단순히 어학능력만으로 평가할 수 없다. 아무리 말을 잘하고 글을 잘 써도 상대방의 마음을 움직일 수 없다면 성공적인 거래가 이루어질 수 없기 때문이다. 자기주장만 앞세우는 일방적인 소통 방식으로는 해외거래처와의 상담에서 좋은 결과를 기대하기가 어렵다. 따라서 외국의 문화와 상관습을 이해하고 상대방 입장에서 생각할 수 있는 공감능력을 키우는 것이 중요하다.

두 번째로 꼽을 수 있는 것이 바로 문제해결능력이다. 무역거래의 특성상 오더가 성사되고 진행되는 과정에서 갖가지 문제가 발생하기 마련이다. 국가 간의 제도나 관습 차이로 인해 계약체결에 문제가 생기기도 하고, 물건의 하자로 인한 클레임에 휩싸이기도 하며, 대금결제가 제때 이루어지지 않아 애를 태우기도 한다. 이런 문제가 발생할 때마다 우호적인 거래관계를 깨지 않으면서 최선의 해결방안을 도출해낼 수 있는 문제해결능력이 절실히 요구된다. 문제해결능력을 키우기 위해서는 평소에 다양한 독서나 간접체험 등으로 외국의 문화나 상관습을 이해하고 무역거래에서 발생할 수 있는 다양한 사례를 공부할 필요가 있다.

마지막으로 꼽을 수 있는 것이 바로 꼼꼼함이다. 무역직 하면 외국인을 상대로 물건을 팔거나 사야 하기 때문에 사교적이고 활발한 성격이 어울릴 것 같지만 실제로 일해보면 의외로 차분하고 세심한 성격의 사람들이 더 어울린다는 것을 깨닫게 된다. 무역업무의 특성상 무역거래의 전 과정을 꼼꼼하게 체크하고 서류작성에서도 실수하지 않도록 만전을 기해야 하기 때문이다. 국내거래와 달리 무역거래에서는 조그만 실수 하나가 큰 문제가 될 수도 있다. 서류작성 시 저지른 사소한 실수 때문에 대금결제가 거부당하기도 한다. 따라서 평소에 아무리 사소한 일이라도 대충 넘기지 말고 꼼꼼하게 살펴보는 습관을 들이는 것이 좋다.

무역직에 적합한 성격유형

애니어그램의 성격유형 분류에서는 몸의 에너지가 어디를 중심으로 순환하는지에 따라 인간의 성격을 머리형, 가슴형, 장형으로 나눈다.

머리형은 무게중심이 뇌와 신경계에 있으며 주 관심사는 객관적 이치와 정보수집이고 안전을 추구한다. 이들이 주로 느끼는 감정은 두려움이다.

가슴형은 무게중심이 심장을 비롯한 순환계에 있고 주 관심사는 자아이미지와 인간관계이며 타인에게 인정과 사랑을 받기를 원한다. 이들이 주로 느끼는 감정은 수치심이다.

장형은 무게중심이 하복부와 소화계에 있고 주 관심사는 환경에 대한 저항과 통제이며 독립성을 강하게 추구한다. 이들이 주로 느끼는 감정은 분노이다.

애니어그램 전문가들은 한번 형성된 인간의 성격은 바꿀 수 없으므로 자신의 성격과 맞지 않는 일을 하면서 적응하려고 애쓰기보다는 자신의 성격에 맞는 일을 찾는 것이 무엇보다 중요하다고 강조한다.

그렇다면 무역이나 해외영업 일을 하는 데 적합한 성격유형은 무엇일까? 이론이 있을 수 있지만 머리형이나 장형보다는 가슴형이 좀 더 적합할 것 같다. 머리형이 정보를 분석하고 연구하는 기술직이나 기획직에 적합하고, 장형이 추진력을 요하는 건설회사나 플랜트 현장직원에 적합하다면, 해외거래처를 상대로 업무를 추진해야 하는 무역직이나 해외영업직으로 일할 때는 상대적으로 인간관계에 관심이 많은 가슴형이 유리할 것이기 때문이다.

해외거래처 입장에서 볼 때 냉철한 지성을 앞세우는 머리형이나 추진력만 앞세우는 장형보다는 부드럽게 상대방 입장에서 생각할 줄 아는 가슴형과 거래하기를 선호할 것이라는 추론도 가능하다. 무역직이나 해외영업직에 지원하기에 앞서 자신의 성격유형이 어디에 속하는지를 생각해볼 필요가 있다.

무역이나 해외영업 일을 하기 위해서 어떤 회사에 들어가야 하나

학생들로부터 취업과 관련한 질문을 많이 받는다. 무역 일을 하고 싶은데 어떤 회사에 들어가면 좋은지, 어떤 회사에 들어가면 무역 일을 제대로 배울 수 있는지, 몇 군데 회사를 놓고 저울질을 하고 있는데 어떤 회사에 들어가는 것이 좋을지 등이다. 미래가 걸린 일이기에 질문을 하는 학생들의 표정이 자못 진지하다. 그렇다면 무역을 제대로 배우고 무역을 통해 꿈을 이루기 위해서는 어떤 회사에 들어가는 것이 좋을까?

첫째, 무역 하면 가장 먼저 생각나는 회사가 종합상사다. 이미 오래전에 종합상사제도는 폐지되었지만 아직도 많은 학생이 가장 입사하고 싶은 기업으로 종합상사를 꼽는다. 인기 웹툰 〈미생〉을 보면서 상사맨에 대한 로망을 키우는 학생도 많다.

하지만 종합상사에서 본격적인 무역 일을 할 수 있는 기회는 생각처럼 많지 않다. 대부분의 종합상사들이 자원개발이나 해외 프로젝트개발 쪽으로 사업을 확장하면서 무역거래의 비중이 축소되었을뿐더러 무역거래를 하는 경우에도 아이템이나 거래처가 한정되어 있고 해외법인이나 지사를 통한 거래가 많아서 다양한 무역경험을 쌓는 데는 한계가 있다. 또한 타사 제품을 취급하는 종합상사의 특성상 제조업체의 눈치를 봐야 하고 을의 입장에서 일해야 하는 고충을 감내해야 한다.

그럼에도 불구하고 종합상사야말로 전 세계를 무대로 큰 꿈을 펼칠 수 있는 최고의 직장 중 하나라는 데는 이견의 여지가 없다. 문제는 종합상사에 들어가기가 하늘의 별 따기처럼 어렵다는 것이다.

둘째, 자사제품을 수출하는 대기업에 들어가 무역 일을 할 수 있다. 자사제품을 수출하기 때문에 수출물품을 확보하기가 용이하고 대기업에서 근무한다는 자부심을 가질 수 있으며 근무조건이나 직업의 안정성 면에서도 최고의 직장이 아닐 수 없다. 특정 상품에 대한 전문지식을 쌓을 수 있어서 커리어 관리 측면에서도 유리하다.

하지만 대기업의 특성상 해외거래처와의 직거래보다 해외법인이나 지사, 딜러를 통한 거래가 주를 이루기 때문에 자신이 주도적으로 해외시장을 개척하는 것과는 거리가 있으며 업무가 분업화되어 무역을 전체적으로 배우는 데도 한계가 있다. 입사하기가 힘들다는 점에서는 종합상사와 크게 다르지 않다.

셋째, 중소제조업체에서 무역 일을 할 수 있다. 종합상사나 대기업에서 일하는 것보다 근무조건도 열악하고 기업 이미지 면에서도 내세울 것이 없지만 중소기업의 특성상 혼자서 해외거래처 개발에서부터 서류작성에 이르기까지 모든 무역업무를 챙겨야 하기 때문에 무역 일을 전체적으로 배우는 데는 오히려 유리한 측면이 있다.

상대적으로 입사하기가 수월하고 잘만 찾으면 세계시장에서 경쟁력 있는 강소기업에서 해외시장 개척의 첨병 역할을 할 수도 있다. 다만 자본이나 리스크관리의 취약성 때문에 좀 더 적극적인 시장개척에 나설 수 없으며 장기적으로 안정된 직장생활을 보장받을 수 없다는 문제점은 감수해야 한다.

넷째, 중소 수입유통업체에서 수입 관련 일을 할 수 있다. 전국적으로 국내 유통망을 통해 수입품을 팔거나 온라인마켓을 통해서 수입품을 판매하는 수입유통업체의 숫자가 날이 갈수록 늘어나고 있다. 경쟁력이 있는 해외공급업체를 개발해서 좀 더 유리한 조건으로 수입하기 위한 제반 업무를 담당한다.

바이어 입장에서 일함으로써 수출 쪽보다 상대적으로 유리한 조건에서 일할 수 있으며 자신이 관심 있는 품목을 취급한다면 일의 재미도 느낄 수 있다. 다만 수입업무의 특성상 무역사기나 클레임이 발생했을 때 어려움을 겪을 수도 있고 수입업무보다 국내 판매실적이 좋은 직원에게 스포트라이트가 비춰질 수 있음을 감수해야 한다.

다섯째, 자사에서 사용할 원료 및 부품과 자사의 생산설비 등을 수입하는 업체에서 일할 수 있다. 해외공급업체를 직접 찾아서 오더를 발주할 수도 있고 해외공급업체의 국내 에이전트를 통해 해외공급업체와 상담을 진행할 수도 있다.

수입유통업체와 마찬가지로 바이어 입장에서 유리한 위치를 차지할 수 있으나 국내에이전트를 통해 해외공급업체와 상담을 진행할 경우 해외공급업체와 직접 상담하는 것보다 상대적으로 일의 흥미가 떨어질 수 있으며 회사 내부적으로 제조나 판매 관련 부서에 비해 한직으로 취급당할 수 있다.

여섯째, 제조나 유통기반이 없는 순수한 무역회사에서 일할 수 있다. 다양한 무역경험을 쌓을 수 있고 거래성사에 따르는 성취감은 크지만 맨땅에 헤딩하는 격이라 가장 힘들고 여러모로 어려움이 많은 경우다. 군대로 치면 악조건 속에서도 안 되면 될 때까지 밀어붙여야 하는 해병대와 흡사하다.

을의 입장에서 제조업체나 유통업체를 상대해야 하고 제조나 유통기반이 없이 해외거래처를 개발하는 것도 쉬운 일이 아니다. 장기적으로 회사의 안정성 면에서도 가장 취약할 수밖에 없다. 하지만 제조나 유통기반이 없다는 것을 뒤집어 생각하면 그만큼 다양한 상품을 취급할 기회를 잡을 수 있다는 뜻도 된다. 무에서

유를 창조하겠다는 도전정신으로 무장한다면 의외의 성과를 거둘 수도 있다.

일곱째, 자신이 직접 무역거래를 하지 않고 외국의 수출업체나 수입업체의 에이전트로 일하는 무역대리업체에서도 간접적으로나마 무역 일을 할 수 있다. 무역대리업이란 외국회사의 에이전트로서 국내거래처와의 중간역할을 수행하는 것을 뜻하며, 마치 부동산거래를 할 때 부동산중개인이 중간에서 살 사람과 팔 사람을 소개하고 가격을 비롯한 여러 가지 거래조건을 흥정해 주듯이 무역거래에 따르는 여러 가지 문제를 에이전트 입장에서 풀어주는 역할을 한다.

무역대리업은 다시 오퍼상과 바잉에이전트로 나뉜다. 오퍼상이란 외국 수출업자의 에이전트로서 국내시장을 개척하고 오더를 관리해 주는 역할을 수행하는 자를 뜻하고, 바잉에이전트란 외국 수입업자의 에이전트로서 국내 공급자를 개발해 주고 바이어를 대신해서 가격네고, 품질검사 등의 업무를 수행하는 자를 뜻한다.

우리나라에서 웬만한 회사치고 무역과 전혀 무관한 회사가 없을 정도로 무역거래의 비중이 나날이 커지고 있다. 따라서 굳이 종합상사나 대기업이 아니라도 무역 일을 할 수 있는 회사를 찾는 것은 어렵지 않다. 대기업에 대한 맹목적인 동경에서만 자유로워질 수 있다면 무역 일을 할 기회는 널려 있다.

지방소재 중소제조업체의 경우 수출을 하고 싶어도 무역 일을 맡길 만한 인재를 구하지 못해서 포기하는 경우도 많다. 소재나 기계류같이 일반소비자에게 알려지지 않은 제품을 취급하는 중소기업들 중 해외시장에서 경쟁력을 갖춘 알짜배기 기업들도 많이 있다. 대기업을 포기하면서까지 중소기업에 들어갈 필요는 없지만 대기업에 집착하다가 무역의 꿈을 포기하는 일은 없어야겠다.

눈에 보이지 않는 것에 주목하라

이름을 처음 들어보는 회사에 출장강의를 간 적이 있다. 보통은 대기업에서만 강사를 따로 초빙해서 강의를 진행하고 수강생이 많지 않은 중소기업에서는 무역협회를 비롯한 각종 기관에서 운영하는 교육프로그램에 직원을 보내 강의를 듣도록 하는데 이름이 생소한 회사에서 출장강의를 해달라는 요청을 받고 의아한 생각이 들었다.

회사는 시내 요지에 자리 잡은 유명빌딩에 있었다. 강의 전에 회사 중역과 인사를 나누는 자리에서 간단하게나마 회사에 관한 정보를 접하게 되었다. 지방에서 공장을 운영하는 제조업체인데 연매출액이 1조가 넘지만 일반 사람들에게 알려지지 않아서 유능한 직원을 뽑는 데 애로가 있다고 했다.

이유는 간단했다. 회사에서 생산하는 물건이 소비재가 아니라 공장에서 사용하는 원료이다 보니 일반 사람들에게는 회사 이름이 생소할 수밖에 없었다. 하지만 회사의 재정 상태는 튼튼했고 직원들은 활기찼으며 회사 분위기도 좋아 보였다.

대부분의 사람들은 회사를 선택할 때 눈에 보이는 것에 집착하는 경향이 있다. 대기업이나 중소기업 중에서도 광고를 통해 익숙한 회사에 끌리기 마련이다. 일반 사람들을 상대로 홍보활동을 할 필요가 없는 원료나 부품을 취급하는 업체 중 얼마든지 좋은 회사가 많다는 걸 모르는 사람들이 많다. 소비재가 전체 무역액에서 차지하는 비중은 13% 남짓에 불과하다.

도로 위를 주행하는 자동차를 볼 때마다 자동차 회사에 취업하고 싶다는 생각만 하지 자동차를 움직이는 수많은 부품을 생산하는 회사에 취업해서 해외시장을 개척해 보겠다는 생각은 하지 않는다. 문화콘텐츠나 영화, 게임처럼 눈에 보이진 않지만 무역거래의 대상이 되는 무체물도 얼마든지 있다. 취업이 힘들수록 눈에 보이지 않는 것에 주목할 필요가 있다.

히든챔피언을 찾아라

히든챔피언(Hidden Champion)이란 일반 사람들에게 잘 알려지진 않았지만 세계시장에서 막강한 경쟁력을 보유한 기업을 일컫는 말로 전략마케팅 분야의 권위자인 독일의 경영학자 헤르만 지몬(Hermann Simon)이 저술한 동명의 책 제목에서 비롯된 말이다.

헤르만 지몬은 책에서 세계시장 점유율 3위 이내 또는 소속 대륙별 점유율 1위 이내이면서 매출액 50억 유로 이하인 기업을 히든챔피언으로 규정하였다. 작지만 강한 기업이라는 뜻에서 강소기업이라고도 불린다. 독일이 자동차 외에는 일반 사람들에게 친근한 제품이 별로 없는데도 불구하고 국가별 수출순위에서 2위 자리를 놓고 미국과 경쟁할 수 있는 배경에는 전 세계 히든챔피언의 50% 가까이가 독일에 있다는 사실을 주목할 필요가 있다.

예를 들어 고속담배제조기를 생산하는 하우니(Hauni), 생선가공기계를 생산하는 바더(Baader), 라벨부착기를 생산하는 코로네스(Krones)와 같은 독일업체는 각각 전 세계 시장의 80% 이상을 장악하고 있지만 일반인 중 이들 회사에 대해 알고 있는 사람은 찾기 어렵다. 소비재를 생산하는 업체가 아니라서 대중에게 알려질 기회가 적기 때문이다.

우리나라에서도 정부 차원에서 이와 같은 히든챔피언을 발굴하고 육성하기 위한 정책을 적극적으로 펼친 결과 전국적으로 세계시장에서 막강한 경쟁력을 보유한 히든챔피언들이 속속 등장하고 있다. 히든챔피언이 되기 위해선 세계시장 점유율이 압도적으로 높아야 하기 때문에 해외시장 개척이 필수적인 과제다. 따라서 무역직 또는 해외영업직에 대한 수요가 클 수밖에 없다. 문제는 말 그대로 대중에게 알려지지 않은 히든챔피언이기 때문에 유능한 인재를 뽑을 기회가 적다는 것이다.

대부분의 취업준비생들이 일상생활에서 익숙하거나 눈에 보이는 아이템을 취급하는 업체에 취업하려고 아등바등하는 사이에 히든챔피언의 반열에 오른 회사들은 유능한 인재를 찾지 못해서 애를 태우는 웃지 못할 상황이 벌어진다. 취업이 어렵다고 한탄만 하지 않고 눈에 보이지 않는 보석을 찾아 나서는 지혜가 필요하다.

한국무역협회, KOTRA, 한국무역보험공사 취업정보

한국무역협회, KOTRA, 한국무역보험공사 등과 같은 무역 관련 기관에 취업을 희망하는 학생들이 많다. 일단 이들 기관의 좋은 점은 안정적인데다 근무환경도 좋고 보수 또한 웬만한 기업체보다 낫다는 것이다. 문제는 입사시험에 합격하기가 하늘의 별 따기라는 데 있다. 채용인원 자체가 많지 않고 응시자격에 특별한 제한이 없어서 어마어마한 경쟁률을 뚫어야만 합격의 기쁨을 누릴 수 있다.

이들 기관은 모두 국내무역업체를 지원해 주기 위해 운영된다는 공통점이 있지만 실제 업무내용은 차이가 있다. 한국무역협회는 국내 무역회사들이 모여서 만든 민간기관으로 회원사들을 위해서 국내외 무역정보를 제공하고 무역교육, 무역상담, 무역업무 지원 등의 다양한 지원사업을 운영한다. KOTRA는 세계 유수의 도시에 해외무역관을 운영하면서 수출업체에 해외시장정보를 제공하고 해외시장진출을 지원하는 서비스를 제공한다. 한국무역보험공사는 수출입업체에 다양한 무역보험서비스를 제공하고 부수적으로 해외거래처 신용조사 및 채권추심서비스를 제공한다.

근무환경만 놓고 보면 우열을 가리기 힘들 정도로 세 곳 모두 훌륭하다. KOTRA가 무역협회나 무역보험공사보다는 상대적으로 교통접근성이 떨어지지만 회사 근처에 따로 숙소를 구해야 할 정도로 열악하지는 않다. 다만 주변에 식당을 비롯한 편의시설이 부족하고 여가활동을 즐길 만한 곳이 부족하다는 면에서는 열세를 인정할 수밖에 없다.

세 곳 모두 국내외에 지사를 운영하고 있으며 특히 KOTRA의 경우 전 세계 주요 도시에서 해외무역관을 운영하고 있다. 해외무역관의 숫자가 많다는 것은 양날의 검으로 작용할 수 있다. 해외근무를 선호하는 사람에게는 최고의 직장이 될 수도 있지만 배우자의 직장문제, 자녀의 교육문제 등으로 잦은 해외근무가 반갑지 않은 사람이라면 KOTRA에 지원하는 것을 신중하게 생각해 보아야 한다.

드문 사례이지만 무역 관련 기관에 근무하다가 일이 재미가 없다거나 성취감이 떨어진다는 이유로 그만두는 사람도 있다. 이들 기관은 자신이 직접 무역거래를 하는 곳이 아니고 무역업체를 지원해 주기 위한 목적으로 운영되다 보니 무역업체에 비해 성취감

이 떨어지고 비전도 없고 퇴직 후 독립하기도 어렵다고 생각할
수도 있다.

따라서 자신의 성격상 틀에 박힌 단조로운 업무보다는 활동적
이고 다이내믹한 일에 끌린다면 이들 기관에 취업하는 걸 재고
해 볼 필요가 있다. 일은 재미없더라도 안정을 택할 것인지, 불안
정하더라도 좀 더 다이내믹한 일을 할 것인지는 각자 선택의 몫
이다.

물류업체 취업 후
무역업체로 이직하는 건 어떨까

　포워더나 관세사에 취업해서 일을 배운 후 무역업체로 이직할 계획을 세우는 취업준비생들이 있는데, 별로 찬성할 만한 계획이 아니다. 이유는 간단하다. 무역과 관련된 일이라고는 하지만 포워더나 관세사가 하는 일과 무역업체에서 하는 일은 엄연한 차이가 있기 때문이다.

　무역업체에서는 자신이 직접 수출입거래를 하지만 포워더가 하는 일은 수출입업체를 대신해서 운송 업무를 처리해 주는 것이고 관세사는 통관 업무를 처리해 준다. 개중에는 무역업체에서 오랫동안 근무한 직원보다도 무역실무지식에 정통한 관세사나 포워딩업체 직원이 있지만 무역업무의 핵심이 해외거래처와 상담해서 계약에 이르기까지의 과정에 있음을 주목해야 한다.

　해외거래처를 상대로 거래를 성사시키기 위해서는 단순히 무역실무지식에 정통한 것만으로는 부족하다. 실제로 무역현장에서 일하면서 수많은 시행착오를 겪어야만 진정한 무역인으로 거듭날 수 있다. 자신이 직접 무역 일을 하지 않는 물류업체에 근무하면서 이런 현장경험을 쌓는 것은 불가능하다.

따라서 무역에 관심이 있다면 처음부터 무역업체에 들어가고 물류 쪽에 관심이 있다면 물류업체에 근무한 경험을 살려서 무역업체로 이직할 계획을 세우기보다는 물류전문가로 성장해서 무역업체들의 수출입거래가 좀 더 원활하게 진행될 수 있는 지원자 역할을 충실히 하는 것이 바람직하다.

포워더나 관세사에 취업하기 전에 또 한 가지 기억해 둘 것은 이들 업체가 엄연히 서비스업체라는 것이다. 한정된 수출입업체를 놓고 일을 나누어야 하기 때문에 동종업체 간 경쟁이 심해서 어쩔 수 없이 을의 입장에서 일할 수밖에 없다. 새로운 거래처를 뚫기 위해서 치열한 경쟁을 해야 하고 기존 거래처를 빼앗기지 않기 위해서 거래처 관리에 심혈을 기울여야 하며 거래처의 부당한 요구 때문에 전전긍긍할 때도 많다.

따라서 본인의 성격상 남에게 머리를 숙이고 을의 입장에서 일하는 것에 거부감이 있는 사람이라면 이들 업체에 취업하는 걸 재고해 볼 필요가 있다.

종합상사 신입사원 중엔
무역전공자가 없다

　수년간 유수의 종합상사 신입사원들을 상대로 무역실무를 강의한 적이 있다. 강의실 탁자에는 신입사원별 출신학교 및 전공을 명시한 수강생 명단이 놓여 있었는데 놀랍게도 무역 관련 학과 전공자는 단 한 명도 없었다.

　경제경영 관련 학과나 어학전공자가 많았지만 이공계전공자도 적지 않았고 정치외교학과, 심리학과, 체육교육학과, 생활디자인학과 등과 같이 무역과는 전혀 상관이 없는 학과를 전공한 사람도 있었지만 무역학과나 국제통상학과를 비롯한 무역 관련 학과 전공자는 찾아볼 수 없었다.

　무역을 주업으로 하는 종합상사 신입사원 중에서 무역 관련 학과를 전공한 사람을 찾기 힘든 이유는 무엇일까? 학교에서 배우는 전공은 학문에 불과하고 무역 일을 하는 데 필요한 실무지식과는 엄연한 차이가 있기 때문이다. 물론 무역 관련 학과 전공자는 기본적인 무역실무에 대해서도 배우지만 학교에서 배우는 무역실무는 실무를 위한 무역실무라기보다는 이론에 치중하는 무역실무일 가능성이 높다.

그래도 이왕이면 무역 관련 학과를 전공하는 것이 장기적으로 무역 일을 하는 데 도움이 되지 않겠냐고 생각할 수도 있지만 실제로 무역현장에서 두각을 나타내는 사람들 중에는 무역의 무자도 모르고 입사해 현장에서 무역 일을 배운 사람들이 대부분이다.

처음 무역 일을 시작할 때는 무역실무지식을 갖춘 무역 관련 학과 전공자가 앞서갈 수 있지만 몇 달 지나지 않아서 입사할 때 무역실무지식이 전무했던 사람과 별 차이가 없다는 걸 깨닫게 된다. 무역실무라는 것이 따로 공부하지 않아도 무역 일을 하면서 자연스럽게 배울 수 있기 때문이다.

회사의 입장에서 보면 무역 관련 학과 전공자와 비전공자 사이에 무역업무를 처리하는 데 차이가 없는 이상 다양한 전공자를 뽑는 것이 장기적으로 회사에 도움이 된다는 판단을 내리게 된다.

따라서 무역직이나 해외영업직을 지원한다고 해서 굳이 무역 관련 학과를 전공할 필요는 없다. 학교에서는 자기가 좋아하는 전공을 공부하고 무역 일을 시작해도 늦지 않는다. 다만 회사 규모에 따라서 상황은 바뀔 수 있다.

사내교육시스템이 잘 갖춰져 있고 선배사원으로부터 일을 배울 수 있는 조직이 갖춰진 대기업의 경우에는 무역 관련 학과 전공자가 환영받지 못하지만 중소기업의 경우에는 사정이 다르다. 당장 일할 수 있는 실무능력을 중시하는 중소기업에서는 이왕이면 무역실무지식을 갖춘 무역 관련 학과 전공자에게 좀 더 좋은 점수를 주기도 한다. 무역 관련 학과 전공자들이 회사를 선택할 때 새겨볼 만한 대목이다.

대기업 출신이 무역실무에 약한 이유

국내 유수의 종합상사에서 해외법인장까지 했던 친구한테서 연락이 왔다. 회사를 그만두고 자신이 직접 무역을 해보려고 하는데 무역실무가 자신이 없어서 고민이라고 했다.

상식적으로 종합상사나 대기업에서 무역직이나 해외영업직으로 오랫동안 근무하면 무역실무에 정통할 거라고 생각하지만 현실은 그렇지 않다.

우선 종합상사에서 무역실무를 제대로 배우기가 힘든 것은 취급 품목에서부터 비롯된다. 종합상사에서 취급하는 품목은 대부분 일반상품이 아니라 철강, 석탄, 석유화학제품, 플랜트 등과 같이 원자재나 중화학제품이 주종을 이룬다.

이런 품목의 무역거래는 일반상품과는 다른 방식으로 진행되는 경우가 많다. 종합상사에서 원자재를 취급하다가 독립해서 일반상품의 수출입업무를 진행해 보면 새로 배운다는 느낌이 들 때가 많다.

또한 종합상사의 경우 본사에서 해외거래처를 직접 상대하기보다는 해외법인이나 지사를 통해 거래를 진행하는 경우가 많다. 그러니 해외거래처를 상대하는 요령이나 절차상 문제에 약할 수밖에 없다. 흔히 종합상사에 근무하면 하루 종일 해외거래처를 상대로 영어를 하며 업무를 수행하는 줄 알지만 실상은 하루 종일 영어 한 마디 안 하고 해외주재원을 상대로 우리나라 말로 교신을 주고받는 경우도 허다하다.

이밖에도 종합상사의 경우 업무가 세분화되어 있어서 무역서류를 작성하는 직원이 따로 있고 물류지원팀이나 리스크관리팀이 따로 있어서 무역실무를 종합적으로 배울 수 없다는 문제점이 있다. 무역실무를 전반적으로 경험하기보다는 일부분만 담당함으로써 자신이 직접 처리하지 않았던 업무에 대해서는 독립적으로 일할 때 헤맬 수밖에 없다.

대기업 해외영업부서의 경우도 종합상사와 크게 다르지 않다. 취급품목에서는 종합상사보다는 일반상품을 취급할 확률이 높지만 해외지사나 현지법인을 통해 거래가 이루어지고 사내분업화로 인해 무역업무를 전반적으로 처리해 볼 기회를 잡기 힘들다는 점은 종합상사와 대동소이하다. 극단적인 경우 해외영업부서에 근무하면서 실제 무역거래는 경험하지 못하고 시장조사업무만 담당할 수도 있다.

무역에 관심이 있어서 종합상사나 대기업 해외영업부에 입사했다가 해외주재원을 통해 거래를 진행하다 보면 성취감도 떨어지고 무역에 대한 흥미도 떨어질 수 있으므로 유념할 필요가 있다.

무역 일을 하기 위한 전공 선택은

무역에 관심 있는 학생들로부터 많은 질문을 받는다. 대학생들이 주를 이루지만 중학생이나 고등학생들의 질문도 적지 않다. 중고등학교 학생들로부터 가장 많이 받는 질문은 무역 일을 하기 위해서 무역 관련 학과를 전공으로 선택해야 할 것인가 하는 것이다.

내 답변은 전혀 그럴 필요가 없다는 것이다. 대학교는 어디까지나 학문을 연구하려는 목적으로 운영되기 때문에 무역학자나 국제통상학자가 될 것이 아니라면 굳이 무역 관련 학과를 전공으로 선택할 필요가 없다. 물론 무역 관련 학과에 들어가면 일부 실무적인 내용을 배우기도 하지만 전체적으로는 이론 중심으로 커리큘럼이 운영되고 있다.

실제로 국내 유수의 종합상사를 비롯해 무역 관련 부서에서 일하는 사람들 중 무역 관련 학과를 전공한 사람들의 비중은 미미하다. 기업에서 사람을 뽑을 때도 무역 관련 학과를 전공한 사람들에게 특별한 혜택을 주지 않는다. 오히려 외국어 전공자나 이공계를 우대하는 경우가 많다.

따라서 대학에서는 자신이 학문적으로 관심 있는 분야를 선택해서 공부하고 졸업 후에 진로를 결정해도 늦지 않다. 학문적으로 특별히 관심이 있는 분야가 없고 이왕이면 무역직 취업에 유리한 전공을 선택하려고 한다면 문과에서는 경제학·경영학·어문학, 이과에서는 전자공학·화학공학·기계공학·섬유공학·자동차공학·조선공학 등 해당 분야의 세일즈엔지니어로 활동할 수 있는 전공을 우선적으로 고려해 볼 만하다. 물론 다른 전공을 선택했다고 해서 무역 일을 하거나 무역회사에 취업하는 것이 불가능한 것은 아니다.

무역과 전혀 관련이 없는 학과를 전공하고 있는 대학생들 중에는 무역 일을 하기 위해서 지금이라도 전공을 바꾸는 것이 좋지 않을까 하는 질문을 하는 경우도 있다. 내 대답은 군이 그럴 필요는 없다는 것이다. 앞서도 언급했듯이 대학에서 전공이란 어디까지나 학문을 연마하기 위해 운영되는 것이므로 무역을 하기 위해서 군이 전공을 바꿀 필요까지는 없다.

다만 무역직으로 지원할 때 전공에 따라 취업 기회가 좁아질 수도 있다는 것은 각오해야 한다. 그런 경우라면 외국어 실력을 기른다든지 다양한 해외경험을 쌓음으로써 약점을 보완할 수 있다.
기업(특히 대기업일수록)에서 무역직 직원을 채용할 때 단순히 전공
만 보는 것이 아니라 외국인과의 소통능력을 비롯한 다양한 요소
들을 종합적으로 감안한다는 점을 주목할 필요가 있다.

해외영업현장에서
이공계 출신이 대접받는 이유

흔히 무역 일을 하는 데는 경상계열이나 어학을 전공한 사람이 유리할 거라고 생각하지만 실제 무역현장에는 의외로 이공계 전공자들이 다수 포진해 있다. 국내 굴지의 무역업체 CEO 중에도 이공계열의 학과를 전공한 사람들이 많다.

이공계 전공자들이 무역현장에서 두각을 나타내는 이유는 무엇일까? 무엇보다도 무역거래를 추진할 때 무역이론에만 정통한 사람보다는 자기가 취급하는 상품에 대한 전문적인 지식을 갖춘 사람이 유리하기 때문이다.

거래상대방 입장에서 보면 제품에 대해서는 잘 알지도 못하면서 장사수완만 있어 보이는 사람보다는 비록 무역지식이나 외국어 구사능력은 떨어지더라도 제품에 대한 전문적인 지식이 있는 사람에게 좀 더 신뢰감을 갖게 된다.

예를 들어 전자제품을 취급할 경우 무역이론에는 밝지만 전자제품의 기술적인 내용에 대해서는 별다른 지식이 없는 사람보다는 비록 무역이론에는 해박한 지식이 없지만 전자제품에 대해서 전문적인 지식을 갖춘 전자공학 전공자가 좀 더 유리한 위치에서 국내외 거래처를 상대할 수 있다.

마찬가지 이유로 화학제품을 취급하는 데는 화학전공자가, 기계제품을 취급하는 데는 기계전공자가 좀 더 유리한 위치에 설 수 있다. 현재 우리나라의 주력 수출품이 기술집약적인 제품 쪽에 치우쳐 있는 상황임을 고려하면 무역현장에서 이공계 전공자의 주가는 계속 치솟을 것이다.

이공계를 전공했지만 조용히 앉아서 연구하거나 생산현장에서 일하는 것보다는 세계를 상대로 자신의 능력을 맘껏 발휘해 보고 싶다면 무역직이나 해외영업직으로 취업하는 것을 신중히 고려해 볼 만하다.

무역현장에서
여성의 활약이 두드러지는 이유

　요즘은 어느 분야를 막론하고 여성의 사회진출이 활발히 이루어지고 있지만 특히 무역현장에서 여성파워는 막강하다. 내가 이제까지 상대했던 외국회사의 무역담당자는 압도적으로 여성이 많았다. 서양업체 중에는 해외영업 총책임자부터 담당직원까지 모두 여성으로 이루어진 경우도 허다하며 중국을 비롯한 중화권 회사들의 무역담당자 중에도 여성이 차지하는 비중이 날로 높아지고 있다. 국제전시회에 가보더라도 여성들이 회사를 대표해서 상담에 임하는 경우를 흔히 볼 수 있다.

　여성들이 무역현장에서 활발하게 활동하는 데는 여러 가지 이유가 있겠지만 무엇보다도 여성의 섬세함과 꼼꼼함이 무역업무에 적합하다는 것을 꼽을 수 있다. 무역업무의 핵심이라고 할 수 있는 해외거래처개발이나 각종 무역서식 작성에 이르기까지 무역업무의 전 과정에서 여성들이 남성들보다 불리한 구석을 찾아보기가 어렵다.

국내거래와 달리 서로 멀리 떨어져 거래해야 하는 무역거래의 특성상 직접 부딪치기보다는 주로 문서를 통해 일을 처리하는 것도 여성에게 유리하게 작용한다고 볼 수 있다. 해외거래처와 직접 접촉하는 경우에도 국내거래처를 접촉할 때 겪을 수 있는 여성차별적 분위기에서 자유로울 수 있다.

개중에는 해외거래처를 접대할 때 여성이기 때문에 불리하지 않을까 걱정하는 사람도 있지만, 일부 유흥문화를 선호하는 거래처를 제외하고는 여성이라고 해서 더 불리할 것이 없다. 오히려 여성의 섬세한 감각으로 다양한 프로그램을 준비함으로써 접대효과를 높일 수도 있다.

적어도 무역현장에서만큼은 여성이 남성보다 유리하면 유리했지 여성이기 때문에 차별대우를 당하는 경우는 찾아보기 어렵다. 좀 더 넓은 세상에서 자신의 꿈을 펼치고 싶은 여성이라면 무역이나 해외영업의 세계에 발을 내디뎌 볼 만하다.

전문적인 무역지식이 없어도
무역 일을 할 수 있다

대부분의 사람들은 무역을 하려면 무역에 대해 전문적인 지식이 있어야만 한다고 생각한다. 무역의 기본적인 이론은 물론 무역실무 책에 나오는 수많은 용어나 절차를 완벽하게 이해하고 무역과 관련한 국내외 법규에도 정통해야만 비로소 무역을 할 수 있을 거라고 생각한다.

하지만 실제로 무역현장에서 일하는 사람들 중에는 무역에 대해 전혀 문외한인 상태에서 무역에 입문한 경우가 많다. 나의 가까운 친구 중에는 대학교에서 화학을 전공하고 오랫동안 국내 굴지의 제지회사에서 국내영업을 담당하다가 뒤늦게 무역담당 부서로 자리를 옮긴 경우도 있다.

그는 무역에 대해 한 번도 공부한 적이 없고 무역 관련 책을 한 줄도 읽어본 적이 없는 그야말로 무역의 문외한이었다. 그런데도 뒤늦게 발을 내디딘 무역현장에서 주변 사람들이 깜짝 놀랄 정도로 자신에게 주어진 업무를 성공적으로 수행하고 있다. 또 다른 친구는 건설회사에서 엔지니어로 근무하다가 무역에 대해 하나도 모르는 상태에서 무역에 입문해 크게 성공했다.

위에 예를 든 경우가 아니라도 국내 유수의 회사에서 무역업무를 담당하는 핵심 멤버 중에는 무역과는 전혀 상관이 없는 학과를 전공한 사람들이 상당수 포진되어 있다. 얼핏 보면 이해가 가지 않지만 실제로 무역현장을 들여다보면 무역업무라는 것이 무역에 정통한 사람들만이 할 수 있는 것이 아니라는 사실을 깨닫게 된다.

그것은 마치 경영이나 마케팅을 배우지 않고도 국내영업에서 두각을 나타내는 경우와 다를 바 없다. 국내영업을 담당하는 사람 중 처음부터 국내영업에 필요한 모든 용어나 절차를 마스터하고 업무를 시작한 경우는 흔치 않다. 대부분 일을 하면서 업무와 관련된 용어나 절차를 하나둘 배워나가게 마련이다.

무역도 마찬가지다. 무역 일을 하기 전에 무역과 관련한 모든 것을 마스터하기보다는 실제로 무역 일을 하면서 새로운 용어나 절차에 익숙해지는 경우가 대부분이다. 무역 일이란 것이 실제로 접해보면 책에서 배우는 것처럼 그렇게 복잡하지도 않고 이론적이지도 않다는 것을 금방 깨닫게 된다. 무역에 정통한 사람만이 무역 일을 할 수 있다는 것은 한낱 편견에 불과한 것이다.

외국어가 유창하지 않아도
무역 일을 할 수 있다

무역 일을 할 때 무역에 대한 지식보다 우선하는 것이 바로 외국어 실력이다. 무역에 대한 지식이야 실제로 업무를 하면서 하나둘 배워나갈 수 있지만 해외거래처와 의사소통이 되지 않으면 아예 처음부터 무역을 시작할 수 없기 때문이다.

해외교포하고만 거래하는 경우가 아니라면 해외거래처와 최소한의 의사소통이 가능할 정도의 외국어 실력도 없이 무역거래를 한다는 것은 거의 불가능하다. 물론 통역이나 번역 서비스를 이용해 해외거래처와 의사소통을 할 수도 있지만 본격적으로 무역거래를 하기 위해서는 아무래도 본인이 어느 정도의 외국어를 구사하는 실력을 갖추는 것이 바람직하다.

하지만 반드시 유창한 외국어 실력이 있어야만 무역거래를 할 수 있는 것은 아니다. 물론 외국어를 잘할수록 좀 더 유리한 입장에서 해외거래처를 상대할 수 있지만 무역거래에 필요한 외국어라는 것이 어느 정도 정형화되어 있어서 기본적인 표현을 익힌다면 외국어 실력이 다소 떨어지더라도 얼마든지 무역거래를 할 기회를 잡을 수 있다.

실제 무역현장에는 외국어를 아주 잘하는 사람들도 더러 있지만 뛰어나지 않은 외국어 실력에도 불구하고 자신의 능력을 최대한 발휘하는 경우도 많이 있다. 나와 오랫동안 거래관계를 유지했던 대만 거래처 사장은 알아듣기 힘들 정도로 엉터리 영어를 구사하지만 세계 각국 주요 거래처와의 상담을 자신이 직접 도맡아 챙긴다. 의사소통이 힘들 정도의 영어 실력에도 불구하고 주눅이 들기는커녕 당당하게 외국인을 상대한 결과 업계에서 알아주는 무역상으로 자리를 잡았다.

어떤 경우에는 지나치게 외국어를 잘하는 것보다 조금 어설픈 외국어 실력이 오히려 상대방의 신뢰를 얻는 데 도움이 되기도 한다. 내국인들끼리 거래할 때도 지나치게 말을 잘하는 사람보다는 말주변은 없지만 진실되게 보이는 사람에게 좀 더 호감을 갖게 되는 것과 같은 이치다. 무역거래도 결국 사람 대 사람의 거래이므로 비록 외국어 실력은 떨어지더라도 진실된 자세로 최선을 다한다면 좋은 결과를 얻을 수 있다.

신입사원은 경력직이 아니다

　신입사원과 경력직을 혼동하는 사람이 많다. 신입사원으로 지원하면서 실무지식이 부족함을 걱정하고 막상 합격해도 현장에서 실무를 제대로 처리하지 못할까 봐 걱정하는 것은 모두 신입사원을 경력직과 혼동하기 때문이다.

　회사의 규모나 업종에 따라 차이는 있지만 대부분 회사는 신입사원에게 처음부터 독자적으로 처리할 업무를 맡기지 않고 선임사원의 보조자로 일을 배우는 일종의 수습기간을 거치도록 한다.

　무역직이나 해외영업직의 경우에도 신입사원으로 입사하자마자 해외거래처와의 업무를 독자적으로 처리하는 경우는 드물다. 상당 기간 선임사원으로부터 일을 배운 후 독자적으로 업무를 처리할 정도가 됐을 때 비로소 독립적으로 일할 수 있는 기회가 부여된다.

따라서 무역직이나 해외영업직으로 입사하기 전에 책에 나오는 무역용어나 수출입거래절차에 정통하지 못하다고 걱정할 필요가 없다. 현재 무역현장에서 일하는 사람들 대부분은 무역의 무자도 모르고 입사해서 선임자로부터 일을 배운 경우에 해당된다.

입사하기 전에 미리 무역실무를 공부해 두면 좀 더 쉽고 빠르게 업무에 적응할 수 있을 거라고 생각할 수도 있다. 전혀 틀린 생각은 아니지만 실제로 일해보면 미리 무역실무를 공부한 것이 별 도움이 되지 않는 경우도 많다.

우선 책에 나오는 용어와 현장에서 사용하는 용어가 다른 경우가 많다. '청약' '승낙' '일람불신용장' '화인' 등과 같이 무역실무 책에 필수적으로 등장하는 용어들을 현장에서는 거의 사용하지 않는다. 무역실무 책에는 대부분의 무역용어가 어려운 한자로 표기되어 있지만 현장에서는 'at sight L/C'나 'shipping mark' 같은 영어를 사용하기 때문이다.

또한 무역거래라는 것이 품목이나 거래형태별로 워낙 다양한 방식으로 이루어지기 때문에 어떤 회사에 들어가 어느 부서에서 어떤 품목을 취급하느냐에 따라 무역실무의 범위가 천차만별이다.

예를 들어 거래대금을 100% 송금방식으로만 결제하고 EXW 조건으로만 수출하는 경우라면 무역실무를 아예 공부하지 않아도 큰 문제가 없다. 송금방식으로 결제하면 국내에서 계좌 이체하는 것과 다를 바 없고 EXW 조건으로 계약하면 국내 거래처에 물건을 파는 것과 다를 바가 없기 때문이다.

석유나 석탄 같은 원자재를 취급하는 경우라면 무역실무 책에 나오는 내용 중 상당 부분은 해당되지 않는다. 기존의 무역실무가 컨테이너 운송방식에 맞추어져 있기 때문에 석유나 석탄같이 벌크화물을 취급하는 경우에는 계약이나 운송절차 등을 사내교육 등을 통해 별도로 배워야 한다.

결론적으로 무역직이나 해외영업직 신입사원으로 입사하기 전에 무역실무를 공부해서 나쁠 건 없지만 무역실무를 전혀 모른다고 해서 걱정할 필요는 없다. 취급할 품목이나 거래형태에 따라 각자에게 필요한 무역실무는 책에 나오는 내용 중 일부에 불과하고 실제 업무를 통해서 쉽게 배울 수 있기 때문이다.

국제무역사는 필수자격증인가

무역 관련 대표적 자격시험으로 알려진 국제무역사 시험을 준비하는 학생들이 많다. 무역직이나 해외영업직에 지원하려고 하는데 국제무역사 시험을 준비하는 것이 도움이 되는지를 묻는 학생들도 많다. 내 대답은 시험을 준비해서 나쁠 건 없지만 지나친 기대는 금물이며 무리하면서까지 시험을 준비할 필요는 없다는 것이다.

국제무역사 시험에 합격하면 무역직으로 취업하는 데 큰 도움이 될 것으로 기대하는 학생들이 많지만 실상은 그렇지 않다. 국제무역사 시험에 합격한 이력을 특별히 우대하는 회사도 드물고 무역업을 하기 위해 국제무역사를 의무적으로 고용해야 한다는 규정도 없다.

특히 대기업에서 무역직이나 해외영업직 신입사원을 뽑을 때 국제무역사 시험 합격자에게 가산점을 주는 경우는 극히 드물다. 대기업일수록 신입사원을 뽑을 때 실무지식보다는 인성을 우선시하기 때문이다. 매년 대기업에 무역직이나 해외영업직으로 입사하는 신입사원은 대부분 국제무역사는커녕 무역의 무자도 모르고 연수원에 입소한다.

교육시스템이 부족하고 당장 일할 수 있는 사람이 필요한 중소기업에 응시할 때는 국제무역사 시험 합격증이 도움이 될 수 있다. 최소한 무역공부를 열심히 했다는 인상을 심어줄 수 있기 때문이다. 하지만 이것도 참고사항에 그칠 가능성이 크다. 국제무역사 시험에 합격했다고 취업이 보장되지도 않고 국제무역사 시험 합격증이 없다고 불이익을 받는 경우도 거의 없다.

국제무역사 시험을 준비하는 것이 취업에 직접적인 도움이 되지 않더라도 실무에서 일할 때 도움이 되지 않느냐고 질문하는 학생이 있다. 내 대답은 역시 부정적이다. 안 하는 것보다는 낫겠지만 현장에서 일할 때 큰 도움이 될 것이라는 기대는 접는 것이 좋다.

이유는 간단하다. 변별력이 요구되는 자격시험의 특성상 일반적인 무역거래와는 상관없는 이론이나 지엽적인 문제까지 다룰 수밖에 없는 구조적 문제를 안고 있으며, 무역회사에서 직접 처리하지도 않는 업무와 관련된 내용까지 난도가 높은 문제들이 출제되기 때문이다.

국제무역사 시험에서 빠지지 않는 '청약'이나 '승낙'과 같은 용어는 현장에서 전혀 사용하지 않으며, 외환 실무나 운송·보험·통관 문제 중에는 무역현장에서 오랫동안 일한 사람들도 모르는 문제가 수두룩하다.

따라서 무역현장에서 오랫동안 일한 베테랑조차 따로 공부하지 않으면 국제무역사 시험에 합격한다는 보장이 없고 국제무역사 시험에 합격했다고 해서 바로 실무를 처리할 수 있을 정도로 무역업무가 단순하지도 않다. 이론과 실전 사이에는 엄연한 간극이 존재하기 때문이다.

결론적으로 국제무역사 시험을 준비하는 것이 무역직이나 해외영업직으로 진출하기 위한 필수적인 관문은 아니며, 스펙이 딸리거나 전공이 무역과 동떨어져서 불안한 경우가 아니라면 무리하면서까지 국제무역사 시험에 매달릴 필요가 없다.

무역마스터과정은 유효할까

무역마스터과정은 무역협회에서 운영하는 일종의 무역사관학교라고 할 수 있다. 6개월간 약 1,000시간의 무역실무 및 외국어 집중교육을 통해 무역현장에서 바로 일할 수 있는 인재를 양성하는 프로그램이다.

일단 이 과정에 지원할 때는 교육 강도가 상상을 뛰어넘을 정도로 세다는 걸 각오해야 한다. 대학교처럼 띄엄띄엄 수업이 있는 것이 아니라 점심시간을 빼고 하루 종일 수업이 이어지기 때문에 고도의 집중력과 체력이 요구된다.

무역실무를 강의하는 강사진 중에는 현장경험이 풍부한 강사들이 많이 포함되어 있어서 실전지식을 쌓는 데 도움이 되고, 원어민 강사가 주축이 된 외국어 교육프로그램도 실전영어를 익히는 데 부족함이 없다. 또한 협회 측에서 수료생들을 위한 취업알선에도 적극적이어서 무역과 상관없는 전공자나 스펙이 떨어지는 취업준비생들이 무역직으로 취업하는 데 큰 도움을 받을 수 있으며 전체적으로 취업률이 상당히 높은 편이다.

다만 마스터과정 출신을 찾는 회사가 대부분 중소기업이고 유명 대기업의 경우 신입사원 채용 시 마스터과정 출신자를 특별히 우대하지 않는다.

결론적으로 무역과 상관없는 전공자나 스펙이 떨어지는 취업준비생들이 중소기업에 무역직으로 취업코자 한다면 추천할 만하지만 유명 대기업에 신입사원으로 입사하는 데는 큰 도움이 되지 않는다.

취업연계형 실무교육에 주목하라

무역 관련 기관이나 산업분야별 단체에서 운영하는 취업연계형 실무교육에 주목할 필요가 있다. 이들 교육이 여타의 실무교육과 다른 것은 단순히 실무교육에 그치지 않고 교육기획 단계서부터 관련 업계와 제휴하여 교육생들의 취업을 확실하게 보장해준다는 데 있다.

예를 들어 섬유의류 관련 실무교육에서는 커리큘럼을 짤 때부터 섬유의류 관련 업체의 실무자들이 참여해서 무역실무뿐만 아니라 섬유의류 관련 아이템 지식까지 전수해줌으로써 과정을 수료한 후 바로 현장에서 일할 수 있도록 도와준다.

수강생 입장에선 여타 교육프로그램에서는 접할 수 없었던 현장감 넘치는 실무교육을 받을 수 있고, 회사 입장에서는 바로 현장에 투입할 수 있는 인재를 확보할 수 있다는 점에서 서로 윈윈

할 수 있는 프로그램이다.

  다만 처음부터 수료 후 진출할 사업 분야가 정해져 있어서 해당 분야에 관심이 없는 사람에게는 선택 기회를 좁히는 결과를 초래할 수 있다. 따라서 교육 참가를 결정하기 전에 본인이 해당 분야에 관심이 있고 관련 업체에서 일할 각오가 되어 있는지를 점검해 볼 필요가 있다.

무역직이나 해외영업직 취업정보는
어디서 얻을 수 있나

　일반적인 취업정보는 잡코리아나 사람인 같은 웹사이트에서
쉽게 구할 수 있지만 무역이나 해외영업직에 특화된 취업정보를
얻으려면 무역협회에서 운영하는 잡투게더(www.jobtogether.net)와
같은 무역 및 해외영업직 전문 취업정보제공사이트를 이용하는
것이 좋다.

　잡투게더에서는 무역직과 해외영업직 위주로 취업정보를 제공
하기 때문에 좀 더 효과적으로 무역직이나 해외영업직으로 일할
사람을 찾는 업체에 관한 정보를 입수할 수 있다.

　잡투게더에 접속해 보면 전혀 무역을 할 것 같지 않은 업체들
이 게시한 구인정보가 넘쳐나는 것을 확인할 수 있다. 앞서 언급
한 대로 이제는 무역회사에서만 무역을 하는 것이 아니라 제조
업체나 유통업체에서도 자체적으로 수출입거래를 할 수 있기 때

문이다.

　아쉬운 것은 잡투게더를 통해 무역직이나 해외영업직을 구하는 업체들 대부분이 중소기업이라는 것인데 중소기업 중에도 잘만 찾으면 세계시장에서 경쟁력이 있고 발전 가능성이 큰 업체를 만날 수 있으므로 꼼꼼히 살펴볼 필요가 있다.

무역직이나 해외영업직 취업을 위한 자기소개서 작성요령

취업과정에서 자기소개서의 중요성은 아무리 강조해도 지나치지 않다. 실제 모습이나 살아온 과정과 상관없이 자기소개서를 잘 쓰느냐 못 쓰느냐에 따라 서류전형 통과 여부가 결정되기도 한다. 아무리 좋은 스펙이나 실력을 갖추었더라도 자기소개서가 읽는 사람의 마음을 움직이지 못하면 탈락의 고배를 마실 수밖에 없다.

무역직이나 해외영업직의 경우 지원하는 업체가 대기업이냐 중소기업이냐에 따라서 자기소개서 내용을 달리하는 것이 바람직하다. 일단 대기업과 중소기업에서 신입사원을 뽑을 때 우선적으로 보는 것이 무엇인지부터 파악할 필요가 있다. 회사마다 차이가 있지만 대기업에서는 자체적인 교육시스템이 확보되어 있기 때문에 실무지식보다는 인성을 우선해서 보고 상대적으로 자체 교육시스템이 부족하고 즉시 전력감이 필요한 중소기업에서는 실무지식을 갖춘 인재를 우대하는 경향이 있다.

종합상사를 비롯한 대기업에서 무역직이나 해외영업직 신입사원을 뽑을 때 무역 관련 학과 전공자나 국제무역사 시험 합격자를 특별히 우대하지 않는 이유는 장기적으로 회사에 큰 도움이 되지 않는다고 판단하기 때문이다. 입사 전에 무역지식을 습득한 신입사원이 업무 초기에는 나을 수도 있지만 무역 일이라는 것이 몇 번 해보면 금방 배울 수 있고 대기업의 자체적인 교육시스템을 통해 실무교육이 가능하기 때문에 입사 후 몇 달이 지나면 무역지식을 습득하고 입사한 사람이나 무역의 무자도 모르고 들어온 사람이나 큰 차이를 발견할 수 없게 된다. 그럴 바에야 무역 관련 학과를 전공한 사람보다 다른 학과를 전공한 사람들이 장기적으로 회사에 도움이 된다고 판단하는 것이다.

따라서 대기업에 제출할 자기소개서에는 무역지식을 자랑하거나 무역 관련 시험에 합격한 사실을 부각하기보다는 무역직으로 일하기에 적합한 사람이라는 점을 강조하는 것이 바람직하다. 해외연수 경험을 포함해서 외국 사람이나 기업을 상대한 경험을 부각하고, 정 내세울 것이 없으면 어려서부터 외국 문화에 관심이 많았고 외국 사람들과 어울리기를 좋아한다든지, 배낭여행을 하면서 외국 문물을 많이 접해봤다든지, 외국여행 중 문제가 생겼을 때 어떤 식으로 해결했다든지 하는 등의 스토리와 함께 외국 사람들과 소통할 수 있을 정도의 외국어 실력을 갖추고 있다는 식으로 쓰는 것이 효과를 볼 수 있다.

반면에 중소기업에 제출할 자기소개서에는 가급적 바로 현장에서 일할 수 있는 실무형 인재라는 것을 부각하기 위해 무역 관련 학과를 전공했거나 무역 관련 시험에 합격한 사실을 강조하는 것이 좋다. 만약 무역실무지식이 전무하거나 부족한 경우라면 해외거래처와 원활한 의사소통이 가능할 정도의 외국어 실력이 있으며, 무역실무지식도 열심히 공부하고 있어서 현장에서 일하는 데 부족함이 없도록 최선을 다하겠다는 식으로 쓰는 것이 좋다. 당장 현장에서 일할 사람이 필요한 중소기업에 제출하는 자기소개서에 외국 문화에 관심이 많고 도전정신이 투철하다는 식으로 추상적인 내용을 늘어놓는 것은 별로 도움이 되지 않는다.

결론적으로 무역직이나 해외영업직으로 지원할 때 작성하는 자기소개서에는 지원하는 업체에 따라 무역지식과 인성 중에서 어떤 것을 내세울지를 결정하는 것이 바람직하다.

글로벌 경험을 어필하라

　수년간 시내 모 여대에서 무역실무를 강의한 적이 있다. 쉬는 시간에 무역직으로 취업하고 싶은 학생들이 개인적인 상담을 요청해 오곤 했다. 그중 한 학생의 이야기다. 무역회사에 너무 들어가고 싶은데 전공도 무역과 상관이 없고 영어점수도 높지 않아서 걱정이라고 했다. 일단은 대기업 위주로 지원 중인데 서류전형에서 번번이 떨어진다며 무엇이 문제인지 봐달라고 했다.

　학생이 건네준 자기소개서를 읽어보니 백화점 알바부터 시작해서 주로 판매직으로 일한 경험을 나열하다가 끝부분에 우리나라를 방문한 부친의 외국 손님을 모시고 서울시내 명소를 안내해준 경험을 덧붙여 놓았다. 나는 외국 손님을 안내했던 경험을 먼저 얘기하고 판매직 경험을 뒤로 돌리는 식으로 자기소개서의 순서를 바꿔보라고 했다.

무역직으로 일하려면 외국인과의 직간접적 접촉이 필수적이다. 따라서 회사 입장에서는 가급적 외국인을 많이 상대해 본 지원자에게 상대적으로 높은 점수를 줄 가능성이 크다. 해외유학이나 연수 경험은 물론이고 외국인 친구가 있다든지 해외배낭여행을 갔다 왔다든지 하는 경험이 플러스 요인으로 작용할 수 있다. 하다못해 외국 문화에 관심이 많아서 해외음악이나 영화에 조예가 깊다는 사실을 어필하는 것이 도움이 될 수도 있다.

  무역을 하려면 우리와 문화나 상관습이 다른 외국인과 거래를 해야 하므로 평소에 외국의 문화나 상관습을 익힐 수 있는 다양한 기회를 찾아보고 이를 자기소개서에서 어필할 필요가 있다.

무역은 마스터할 수도 없고
마스터할 필요도 없다

　간혹 무역을 완벽하게 마스터하겠다며 무역공부에 열을 올리는 학생들이 있다. 이들에게 해주고 싶은 말은 무역은 마스터할 수도 없고 마스터할 필요도 없다는 것이다. 무역은 취급품목이나 거래형태에 따라서 워낙 다양한 방식이나 절차로 진행되기 때문에 아무리 오랜 시간 공부해도 다양한 무역거래의 모든 것을 이해한다는 것은 사실상 불가능하며 그럴 필요도 없다.

　자동차 운전에 비유하면, 일반승용차만 운전할 사람이 크레인과 같은 중장비나 대형트럭이나 트레일러 같은 모든 종류의 운송장치를 운전하는 법을 배울 필요가 없으며, 자동차 내부의 부품이나 소모품의 용도나 작동원리까지 완벽하게 이해해야 운전을 할 수 있는 건 아니다.

　자동차가 고장이 나면 서비스 센터에 맡기면 되고, 사고가 나면 보험회사에 연락해서 보상을 받으면 되듯이 무역거래와 관련한 운송, 보험, 통관 등의 업무는 각각 포워더, 보험회사, 관세사의 도움을 받아 처리할 수 있기 때문에 굳이 이들 업체에서 처리해 주는 업무의 세부적인 내용까지 완벽하게 이해하려고 애쓸 필요가 없다.

취급품목이나 거래형태 등이 정해지지 않은 상태에서 무역을 배워야 하는 학생이라면 일반적인 무역거래에서 사용하는 용어나 절차 등을 개략적으로 공부한 후 회사에 들어가서 특정품목이나 거래형태에 따라 추가로 알아야 할 내용이 있으면 그때그때 보충하는 식으로 배우는 것이 바람직하다.

무역실무를 쉽게 끝내는 방법

무역을 간단히 정의하면 외국에 있는 거래처와 물건(또는 서비스)을 사고파는 것이다. 무역거래라고 해도 국내에 있는 거래처와 물건을 사고파는 국내거래와 기본적인 흐름에서는 크게 다를 바가 없다. 거래할 품목과 거래처를 개발해서 상대방과 가격이나 결제방식 등과 같은 거래조건에 합의하면 거래가 성사되는 것이다.

국내에서 물건을 사고파는 것은 별로 어렵게 생각하지 않으면서 무역거래를 하기 위해서는 대단한 지식을 쌓아야만 하는 것으로 지레 겁을 먹는 사람들이 많다. 물론 무역거래를 하기 위해서는 국내거래에서는 사용되지 않는 특수한 용어나 절차를 알아야 한다. 하지만 일반적인 무역거래를 하기 위해 꼭 알아두어야 할 용어나 절차는 무역실무 책에서 소개하는 것 중에 극히 일부분에 불과하다.

대부분의 무역실무 책에서는 지나치게 광범위한 내용을 다루기 때문에 일반적인 무역업무를 처리하는 데 몰라도 되는 내용이 너무 많이 포함되어 있다. 따라서 실제로 무역 일을 하는 데 필요한 무역실무를 좀 더 쉽고 효율적으로 배우기 위해서는 무역실무 책에 소개된 방대한 내용 중에서 과연 어떤 것이 무역 일을 하는 데 꼭 알아야 하고 어떤 것은 몰라도 되는지부터 구별할 줄 알아야 한다.

　우선 무역실무 책의 많은 지면을 차지하고 있는 운송, 보험, 통관 업무는 포워더, 보험회사, 관세사가 각각 해당 업무를 대신 처리해 주므로 구체적인 절차를 모른다 하더라도 무역 일을 하는 데 큰 지장이 없다. 국내에서 물건을 사고팔 때 배송업체에서 어떤 방식으로 물건을 운반하는지를 몰라도 되는 것과 마찬가지다.

　대외무역법, 외환거래법, 관세법과 같은 무역 관련 법규의 내용을 세세한 부분까지 모르더라도 무역 일을 하는 데 크게 문제될 것이 없다. 상법(商法)을 따로 공부하지 않고도 국내에서 물건을 사고파는 데 아무런 지장이 없는 것과 마찬가지다. 무역 관련 규정이나 법규는 실제로 무역 일을 하면서 자신에게 필요한 부분을 그때그때 확인하는 것으로 충분하다.

　무역서식을 작성하고 해석하는 요령도 미리 공부하지 않더라도 실제로 무역거래를 하면서 쉽게 배울 수 있다. 국내거래를 하기 전에 미리 국내거래를 하는 데 필요한 서식을 공부하지 않아도 되는 것과 마찬가지다.

실제로 무역 일을 하는 데 우선적으로 필요한 것은 어떻게 아이템과 거래처를 개발해서 거래를 성사시키느냐 하는 것이다. 이 중에서 아이템과 거래처를 개발하는 것은 책을 통해서 공부하기보다는 어떤 방법이 있다는 것만 확인한 후 실제로 실전에서 노하우를 쌓아야 한다.

결국 무역 일을 하기 위해서 중점적으로 배워야 할 것은 어떻게 거래를 성사시키느냐 하는 것이다. 그러기 위해서는 거래를 성사시키기 위해 상대방과 합의해야 할 여러 가지 조건들, 즉 품목, 수량, 가격, 거래조건, 포장, 선적조건, 결제방식 등이 무엇인지를 알아야 한다. 그중에서도 거래조건과 결제방식만큼은 무역일을 하기 전에 반드시 배워두어야 할 무역실무의 핵심이라고 할 수 있다.

무역실무 책에 소개된 거래조건과 결제방식과 관련한 설명 중에 몰라도 되는 내용들이 많이 포함되어 있다. 특히 신용장과 관련된 용어나 절차 중에는 Tomas L/C, Red-Clause L/C, Escrow L/C 등과 같이 실무에서 거의 쓰이지 않는 용어나 은행 간의 업무절차를 설명하는 데 많은 지면을 할애하고 있다. 그런 것들을 모른다고 해서 일반적인 무역업무를 처리하는 데 전혀 문제가 될 것이 없다.

노파심에서 토를 단다면 앞서 몰라도 된다고 했던 것들은 말 그대로 몰라도 일반적인 무역 일을 하는 데 큰 지장이 없다는 뜻이지 전혀 공부할 필요가 없다는 것은 아니다. 이왕이면 하나라도 더 알아서 나쁠 것은 없다. 문제는 너무 많은 것을 한꺼번에 알려고 하다가 정작 실무를 처리하는 데 꼭 필요한 부분을 놓칠 수 있다는 것이다.

따라서 몰라도 되는 내용은 기본적인 용어나 절차 정도만 파악하고 무역실무의 핵심이라고 할 수 있는 거래조건이나 결제방식 중에서 일반적인 무역거래에서 주로 사용하는 용어와 절차를 중점적으로 공부하는 것이 무역실무를 좀 더 쉽게 배우는 방법이라고 할 수 있다.

무역직이나 해외영업직으로
취업하기 위해서 무엇을 준비해야 하나

무역직이나 해외영업직으로 취업을 희망하는 학생들이 궁금해하는 것 중 하나가 학교 다닐 때 무엇을 준비해야 하느냐 하는 것이다. 이와 관련한 질문에 대한 답을 정리해 보면 다음과 같다.

첫째, 학교 다닐 때 무역공부는 어느 정도까지 해야 할까? 이질문에 대한 답변은 어떤 회사에 취업하느냐에 따라서 달라질 수있다. 대기업에 취업하기 위해서라면 굳이 따로 무역공부를 해두지 않아도 된다. 어차피 입사하고 나서 실무교육을 따로 받거나선임자로부터 업무를 배울 수 있기 때문이다.

실제로 대기업에서 무역업무를 담당하는 사람들 중에는 무역의 무자도 모르고 입사한 경우가 허다하다. 앞서도 언급했듯이대기업에서 신입사원을 뽑을 때 실무지식보다는 인성이나 기본적인 자질을 우선적으로 보기 때문이다. 무역실무지식은 실무를 하면서 금방 배울 수 있으므로 무역 일을 하기 전에 무역실무를 마스터해야 한다는 강박관념을 가질 필요는 없다.

다만 신입사원 교육에 많은 시간과 비용을 투자할 수 없는 중소기업에 취업할 때는 사전에 기본적인 무역실무지식을 알고 있으면 도움이 된다. 물론 중소기업에서 일하는 사람들 중에도 무역에 대해 전혀 모르는 상태에서 입사해서 처음부터 일을 배우는 경우도 많다.

둘째, 외국어는 어느 정도 해야 할까? 무역을 하려면 외국인과의 원활한 커뮤니케이션이 필수적이기 때문에 외국어 실력은 높을수록 좋다. 특히 영어 능력은 기본적으로 갖추어야 한다. 영어 중에서도 바이어와 의사소통이 가능할 정도의 회화 실력과 이메일 등을 작성할 수 있는 작문 실력이 있어야 한다.

특히 해외거래처와의 커뮤니케이션이 대부분 이메일로 이루어지므로 평소에 이메일을 영어로 작성하는 훈련을 해두면 실무에서 도움이 된다. 비즈니스 영어는 문학적인 표현보다는 간결하면서도 상대방을 설득하는 데 주안점을 두어야 하므로 이 부분에 대해서도 평소 훈련을 해두는 것이 좋다.

제2외국어를 공부하는 것도 당연히 도움이 되지만 제2외국어를 한다고 영어를 등한시하는 것은 바람직하지 않다. 대부분의 국가에서 비즈니스를 할 때는 영어를 사용하는 것이 기본이기 때문이다. 결론적으로 기본적으로 영어로 의사를 소통할 수 있는

능력을 갖추고 비장의 무기로 제2외국어능력을 개발하는 것이 바람직하다.

셋째, 그밖에 준비할 것은 무엇인가? 학교 다닐 때 가급적 다양한 경로를 통해 외국의 문화와 상관습을 공부해 두는 것이 바람직하다. 외국여행 또는 외국연수를 통해 직접 외국의 문화를 익힐 수도 있고 여의치 않다면 다양한 독서에서 간접적으로나마 외국의 문화와 상관습을 익힐 수도 있다.

무역에 관심이 있다면 이원복 교수가 집필한 《먼나라 이웃나라》를 반드시 읽어보기 바란다. 각국의 문화와 상관습을 이해하는 데 이만한 교재가 없다. 무역을 하기 위해서는 필연적으로 우리와 문화와 상관습의 배경이 다른 사람들을 상대해야 하므로 외국어 실력이나 무역실무 지식 못지않게 외국의 문화와 상관습에 대한 이해가 중요하다.

결론적으로 무역에 관심이 있고 무역을 통해 꿈을 이루고자 한다면 학교 다닐 때 외국어공부에 주력하고 다양한 경로로 외국의 문화와 상관습을 이해하는 데 시간을 투자하는 것이 바람직하다. 무역실무는 공부해 두어서 나쁠 것은 없지만 무역 일을 하기 전에 무역실무를 마스터해야 한다는 강박관념은 가질 필요가 없다.

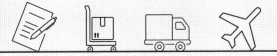

2장

무역취업 상담실

꿈이 국제무역사무원인 학생입니다

Q

꿈이 국제무역사무원인 학생입니다. 국제무역사무원이라는 직업이 원래부터 없는 직업이라는 말도 있고, 있는 직업이라는 말도 있어서 혼란스럽습니다. 정확히 무역 일을 하는 직업을 무엇이라 부르고, 그분들이 어떤 일을 하는지 알고 싶습니다. 또한 무역 일을 하려면 어떤 회사에 들어가야 하는지도 궁금합니다.

A

무역 일을 하는 사람을 어떻게 부르는지에 대해서는 정해진 것이 없습니다. 현장에서는 국제무역사무원이라는 용어를 거의 사용하지 않습니다. 보통 무역담당, 수출담당, 수입담당 등과 같은 용어를 사용합니다. 무역담당은 주로 해외거래처와 협의해서 거래를 성사시키고 성사된 거래를 처리하는 일(물건을 수출하거나 수입하는 것과 관련된 업무)을 합니다.

　무역 일을 하려면 외국에 무언가를 수출하거나 외국에서 무언가를 수입하는 회사에 들어가야 합니다. 예전에는 종합상사를 비롯한 무역회사를 통해 수출입거래를 했지만 요즘은 제조업체나 유통업체에서 자체적으로 수출도 하고 수입도 하기 때문에 대기업이나 중소기업을 막론하고 대부분의 회사에서 무역 일을 할 사람이 필요합니다.

무역인을 꿈꾸는 고등학생입니다

Q

고등학교 2학년 학생입니다. 저는 선생님의 책을 읽고 무역인의 꿈을 꾸게 되었습니다. 전문 무역인이신 선생님께 몇 가지 질문 여쭙고자 합니다.

1 무역인들은 보통 국제통상학과(무역학과) 출신이 많나요?

2 무역업체에 취직하는 경우 다른 분야보다 박봉이라던데 사실인가요?

3 국제통상학과 이외에 추천해 주실 만한 학과가 있을까요? 저는 어문계열이나 통번역학과도 생각 중인데, 유학생 출신들도 무역계열에서 많이 활동한다고 들어서 외국어 실력이 뛰어난 유학생들과 경쟁하기 위해서는 어학계열보다는 경상계열의 국제통상학과에 재학하며 영어를 배우는 것이 더 좋지 않을까요?

4 유망하고 배우기 비교적 쉬운 제2외국어에는 무엇이 있을까요?

A

1 무역인들 중 무역 관련 학과 출신은 극히 일부분에 지나지 않습니다. 무역 관련 학과는 말 그대로 무역을 학문적으로 연구하기 위한 학과이기 때문에 무역 관련 학과를 나오지 않았다고 해서 무역 일을 하는 데 크게 불리하지 않습니다.

2 무역업체 전체적으로 박봉은 아니고 회사의 규모나 취급품목, 영업실적 등 다양한 변수에 따라서 달라집니다. 이건 다른 업종도 유사한 상황입니다.

3 무역을 하는 데 전공은 크게 중요하지 않습니다. 실제로 회사에서 무역직이나 해외영업직 직원을 뽑을 때 특수외국어 전공자나 특정 공학전공자를 뽑는 경우를 제외하고는 전공에 제한을 두는 경우는 거의 없습니다. 경제경영 계열을 전공하면서 외국어 실력을 기르는 것도 좋은 방법입니다.

4 제2외국어 중에서는 우리나라의 최대 교역 상대국인 중국어가 가장 유망하다고 할 수 있지만 중국어가 배우기 힘들다면 상대적으로 배우기 쉽고 사용국가도 많은 스페인어에 관심을 가져보시기 바랍니다.

무역 일을 하려면 문과와 이과 중 어떤 계열을 선택하는 것이 유리할까요

Q

저는 고등학교 1학년 여학생입니다. 저는 어릴 때부터 다른 나라의 친구들과 편지나 이메일을 주고받는 것을 좋아했고 다양한 나라의 사람들에 대해서 관심이 많았습니다. 그리고 한 종류의 물건을 수집하기보다는 여러 종류의 물건들에 관심을 갖고 새로운 물건을 사는 것을 좋아했습니다. 지금 생각해 보면 저의 이런 관심사가 무역과 관련된 일에 잘 맞을 것 같다는 생각이 드는데요.

이제 2학년에 올라가니 계열을 선택해야 하는데 아무래도 경영, 경제, 외국어 쪽과 관련된 직업이다 보니 문과를 나오는 것이 더 유리할 것 같으면서도 이과를 나와서 부전공으로 저 과목들을 배워도 될 것 같다는 생각이 듭니다. 참고로 제2외국어는 중국어를 선택했고 일단 이과를 선택한 상황입니다.

물론 아직 고1이기 때문에 희망 진로가 언제든지 바뀔 수 있지만 만약 제가 나중에 무역 관련업에 종사하려면 문과·이과 중에서 어떤 계열을 선택하는 것이 더 유리할까요?

A

무역 일을 하기 위해서 전공에 특별한 제한을 둘 필요는 없습니다. 실제로 무역 일을 하는 사람들의 전공은 그야말로 다양합니다. 물론 외국어나 경제, 경영 전공자가 많은 것은 사실이지만 다양한 학과를 전공한 사람들이 무역현장에서 일하고 있습니다. 이공계 출신 중에서도 무역 일을 하는 사람들이 적지 않습니다. 다만 회사에서 무역 일을 할 직원을 뽑을 때 외국어나 경제, 경영 전공자를 상대적으로 많이 뽑는 것은 사실입니다. 하지만 회사에 따라서는 이공계를 우대하는 경우도 있습니다.

따라서 전공을 선택할 때 어떤 전공이 유리하냐를 따지기에 앞서 자신이 관심 있는 전공을 선택해서 공부한 후 진로가 확정되면 그때 가서 기본적인 무역실무를 공부해도 늦지 않습니다. 전공과 상관없이 외국어 공부는 많이 할수록 좋습니다.

무역 일을 하려면 무역학과와
어학 관련 학과 중 어디가 좋을까요

Q

저는 무역에 관심이 아주 많은 스물한 살 재수생입니다. 대학입시를 준비하면서 저는 무조건 무역학과, 국제통상학과를 생각하고 있었습니다. 근데 무역회사를 운영하시는 고모부께서 무역학과보다 어학 관련 학과를 나오는 게 더 좋다고 하셔서 요즘 전공을 정하는 데 혼란이 오고 있습니다.

사회에 나가 무역업에 종사할 때 무역학과와 어학 관련 학과 중 어떤 공부가 더 많은 발전 가능성이 있을까요?

A

저도 고모부님과 같은 생각입니다. 무역학과나 국제통상학과는 무역이나 국제통상을 학문적으로 연구하기 위한 목적으로 설립된 학과입니다. 물론 일부 실무과목이 포함되어 있긴 하지만 기본적으로 이론 중심으로 커리큘럼이 짜여 있어서 학자나 교수가 되기 위한 목적이 아니라면 굳이 무역학이나 국제통상학을 전공할 필요는 없습니다.

또한 무역실무는 일을 하면서 금방 배울 수 있으므로 굳이 학교 다닐 때 미리 배우지 않아도 됩니다. 어학은 단기간에 실력이 늘지 않으므로 어학을 전공하면 장기적으로 무역거래를 할 때 도움이 됩니다.

무역에 관심이 많은데
어떤 전공을 선택할지 고민입니다

Q

경영학부에 재학 중인 학생입니다. 저희 학부는 경영·무역·회계로 구성되어 있습니다. 전 무역·경영을 복수 전공하려 합니다. 하지만 주위에서 이제 무역은 한물갔으니 차라리 경영 전공을 하라고 합니다. 회계사를 준비하든지.

전 무역에 대한 책을 보고 생각을 하면 가슴이 쿵쾅거립니다. 하지만 제가 실무를 접해보지 못해 과연 나중에 이 분야로 진출했을 때도 후회 안할 수 있는가에 대해 자신 있게 말을 하지 못하겠습니다. 요즘엔 1970년대 호황을 누렸던 종합상사들이 일부는 망하고 일부는 더 이상 무역 쪽으로는 전망이 없어서 다른 분야 진출을 꾀하고 있지 않은지요.

일에 대한 보람도 중요하지만 보수도 중요하다고 생각합니다. 웬만한 대기업이나 금융업보다 무역회사의 일반 직종은 연봉도 훨씬 낫다고 들었습니다. 무엇이든 자기 하기 나름이지만 그래도 더 나은 길을 선택하는 게 나을 듯싶어서 조언을 부탁드립니다.

A

시대에 따라서 직업이나 직장에 대한 선호도가 바뀌는 것이 사실입니다. 제가 대학교를 졸업할 때는 전통적으로 인기가 있던 의사, 변호사를 제외하고는 종합상사가 제일 인기가 많은 직장이었습니다. 물론 보수도 최상위급이었고요. 하지만 최근 들어 무역에 대한 관심이 많이 쇠퇴되었고 무역회사의 인기도 시들해진 것을 부인할 수 없습니다.

한 가지 주목할 것은 우리나라 무역규모는 날이 갈수록 확대되고 있다는 것입니다. 그런데도 무역이 주목을 받지 못하는 것은 이제 더는 무역이 무역 일을 할 줄 아는 사람이나 무역회사의 전유물이 아니고 누구나 무역을 할 수 있는 시대에 접어들었기 때문입니다.

즉 예전에는 제조업체나 유통업체에서 무역회사나 종합상사의 힘을 빌리지 않고는 수출입거래를 하기 힘든 상황이었지만 이제는 조그만 중소기업도 자체적으로 무역을 할 수 있을 정도로 무역의 대중화가 이루어졌다는 것을 눈여겨볼 필요가 있습니다.

뒤집어 생각해 보면 무역을 전문으로 하는 무역회사나 종합상사의 위상은 흔들리고 있는 반면에 일반 기업체에서 무역업무의 중요성은 그만큼 더 높아지고 있다고 보아야 할 것입니다. 또한 아무리 무역을 전문으로 하는 무역회사나 종합상사의 위상이 흔들리고 있다고 해도 좀 더 전문적인 형태의 무역 방식을 개발하고 중계무역을 활성화하는 등의 다양한 노력을 통해 경쟁력을 키워나갈 여지도 있습니다.

이상은 오랫동안 무역에 몸담은 사람으로서 무역에 대한 소견을 말씀드린 것이고, 자신의 직업을 선택할 때 이왕이면 사회적인 인식이나 보수를 고려하지 않을 수 없는 것이 엄연한 현실입니다. 물론 직업별 선호도나 보수체계라는 것이 항상 변하기 마련이지만 현재 상황에서 무역에 관심은 있으나 전공을 하기에는 왠지 망설여진다면 과감하게 경영을 전공하라고 권하고 싶습니다.

그렇다고 무역에 대한 꿈을 접으라는 뜻은 아닙니다. 일단 경영을 전공하면서 좀 더 시간을 가지고 생각해 보고 나중에라도 무역에 대한 미련이 사라지지 않는다면 그때 가서 무역에 입문해도 늦지 않습니다. 무역실무 지식은 학교에서 전공하지 않더라도 실제로 무역 일을 하면서 금방 배울 수 있으며 현재 무역회사에서 근무하는 사람들 중 무역을 전공한 사람은 극소수에 불과하다는 사실을 주목하기 바랍니다.

결론적으로 무역에 몸담을 것인지에 대한 확신이 서지 않는다면 일단 경영을 전공하고 추후에 최종적인 결정을 내리기 바랍니다.

무역에 관심이 있지만
현실의 벽에 막혀 고민입니다

Q

《무역 천재가 된 홍대리》를 정말 재미있게 읽었습니다. 다름이 아니라 저도 무역에 관심이 많아서 최근까지 국제통상학과 진학을 목표로 하고 있었습니다. 그런데 저희 아버지께서는 전문대를 나와서 취직하는 것을 원하십니다.

물론 제 선택이 가장 중요하지만 요새 4년제 대학을 나와도 취직이 안 되는 것이 사실인지라 고민을 많이 하고 있습니다. 비록 아직 짧은 인생이지만 선택하는 것이 참으로 힘이 듭니다. 조언 부탁드립니다.

A

진로 문제에 대해 조언을 하는 것은 항상 어렵습니다. 한 사람의 인생이 걸린 문제니까요. 누구나 자신이 하고 싶은 일이 있지만 자기 취향대로만 진로를 선택할 수 없는 것이 엄연한 현실입니다. 자기 뜻대로 진로를 선택할 수 있다면 대부분의 사람들이 남들이 알아주는 의사, 변호사 또는 연예인이나 스포츠 스타를 꿈꿀 것입니다.

진로를 선택할 때는 자신의 취향뿐만 아니라 자기 능력이나 가정형편 등 여러 가지를 고려해서 결정해야 합니다. 그런 측면에서 보면 자신의 모든 면을 가장 잘 알고 계실 부모님의 의견에 귀를 기울일 필요가 있습니다. 이 세상에서 자식을 가장 생각하고 걱정하는 사람이 부모님이라는 사실을 잊지 말기 바랍니다.

만약 부모님 의견을 따를 수 없는 정당한 사유가 있다면 부모님과 가슴을 터놓고 허심탄회하게 이야기를 나눠보기 바랍니다. 지금 부모님께서 전문대 진학을 권하는 가장 큰 이유는 취업 문제 때문인 것으로 보입니다. 현재 고학력 실업문제가 심각하게 대두되고 있는 상황에서 부모님 의견을 따르는 것이 안정된 미래를 설계할 수 있다고 봅니다.

다만 본인이 무역 일을 하고 싶은 의지가 강력하다면 4년제 대학을 나와서 무역 일을 하는 것에 대해서 좀 더 구체적으로 생각해 보기 바랍니다. 현실적으로 4년제 대학을 나와도 대기업에서 무역 일이나 해외영업 일을 하기는 쉽지 않습니다. 일자리에 비해 지원자가 너무 많아서 취업에 성공할 확률이 낮기 때문입니다.

따라서 중소기업에서 무역 일을 하는 것도 감수해야 합니다. 대기업과 달리 중소기업에서는 무역 일을 할 사람을 구하지 못해 애를 태우는 회사도 많습니다. 따라서 본인이 마음만 먹으면 중소기업에서 무역 일을 할 기회를 잡는 것은 어렵지 않습니다. 다만 중소기업의 특성상 대기업 생산직보다도 낮은 연봉을 감수해야 하고 회사의 미래가 불안정할 수도 있습니다. 이런 모든 것을 감수하고라도 꼭 무역 일을 하고 싶다면 부모님께 본인 생각을 허심탄회하게 털어놓고 이해를 구해보기 바랍니다.

무역 일을 하기 위해 굳이 무역학과나 국제통상학과를 전공할 필요는 없습니다. 대학에서의 전공이란 학문을 연구하기 위한 목적으로 운영되기 때문에 대학에서는 본인이 좋아하는 학과를 선택하고 졸업 후에 진로를 정해도 늦지 않습니다. 대학에서 외국어나 경제, 경영 또는 이공계나 인문계 심지어는 예술계를 전공하고 무역 일을 하는 사람들도 많습니다.

이상 말씀드린 사항을 참고하여 부모님과 충분한 대화를 통해 좋은 결론을 내리기 바랍니다.

의상디자인 전공자인데
자꾸 무역이 끌립니다

Q

저는 전공이 무역과 상관없는데 자꾸 무역이 눈에 밟혀서 어찌해야 할지 모르겠어요. 어쩌면 비행기 타고 외국으로 출장 가서 외국인들과 마주하고 새로운 문화를 접하는 것에 끌려서 그런 건지도 모르겠습니다. 저는 유통 쪽보다는 머천다이징(상품 그 자체)에 관심이 있는 편이라서 전공도 의상디자인인데, 자꾸 무역 쪽이 끌려서 저 자신이 혼란스러워요.

내내 디자이너가 될 줄 알고 살아왔는데요. 하지만 저는 감성적이면서도 논리정연하게 분석하는 것도 좋아해서 머천다이저나 무역 쪽으로 자꾸 눈을 돌리게 되네요. 그래서 의류를 다루는 무역회사로 마음을 정해볼까 고민하고 있는데 어떻게 해야 할까요? 옷에 대해서는 많이 아는데, 아무리 옷을 다루는 무역회사라도 무역을 모르면 실무를 하기가 힘들지 않나요?

A

　무역은 돈을 벌기 위한 수단으로가 아니라 외국 사람들을 상대로 다양한 경험을 공유할 수 있다는 관점에서 보면 분명히 매력적인 일임이 틀림없습니다. 하지만 실제로 무역 일을 하다 보면 밖에서 생각했을 때처럼 화려한 면만 있는 것이 아니라 그야말로 궂은일도 많이 해야 하고 어려운 고비도 수없이 넘어야 한다는 것은 각오해야 합니다. 모든 일에는 항상 좋은 면과 나쁜 면이 함께 존재하는 법이니까요.

　무역 일을 실제로 해보면 무역실무지식에 해박한 사람보다는 자신이 취급하는 품목에 전문적인 지식이 있는 사람이 오히려 더 경쟁력이 있다는 걸 깨닫게 됩니다. 무역실무지식은 일하면서 금방 배울 수 있지만 품목에 대한 전문적인 지식은 하루아침에 습득할 수 없기 때문입니다. 실제 무역현장에서는 전자공학, 기계공학, 금속공학 전공자들이 각각 전자제품, 기계류, 금속 관련 제품의 수출입거래를 담당하는 경우가 많습니다. 의상디자인 전공자가 의류제품 수출입거래에서 두각을 나타낼 가능성도 큽니다.

　결론적으로 무역실무는 굳이 따로 공부하지 않아도 실제로 무역현장에서 일하면서 금방 배울 수 있기 때문에 의상디자인 전공자가 무역에 입문하는 것에 대해 두려움을 가질 필요는 없으나 무역 일을 할 때 여러 가지 힘든 상황에도 직면할 수 있다는 것을 감안해 최종 결정을 내리기 바랍니다.

법학을 전공했지만
무역으로 진로를 결정했습니다

Q

법학을 전공했지만 선생님 책을 읽고 무역에 관심을 느껴 무역으로 제 진로를 정했습니다. 확실한 진로를 정하지 못한 저에게 선생님의 책은 저를 다시 태어나게 해주었습니다. 저의 최종 목표는 오퍼상이나 무역회사를 설립하는 것입니다. 선생님께 몇 가지 여쭈고 싶은 것이 있습니다.

1 저는 먼저 회사에서 경험을 쌓고 싶습니다. 독립하기 위해서는 무역사무직(서류업무)과 해외영업직 중 어느 직무가 더 유리한지 알고 싶습니다. 제가 얻은 정보로는 무역사무직은 일반사무로 여직원을 선호하는 것으로 알고 있습니다.

2 영어는 아주 잘하지는 않지만 어느 정도 프리토킹이 가능합니다. 영어 외에 중국어도 꼭 필요한지 아니면, 영어만 네이티브 수준에 접근하면 되는지 알고 싶습니다. 즉, 영어만 완벽하게 하는 것이 더 유리한

지 아니면 영어를 적당히 하고 중국어를 공부하는 것이 더 유리한지요.

3 마지막으로 무역이 더 이상 비전이 없다는 견해가 있는데 무역인의 전망을 간단하게 말씀해 주시면 감사하겠습니다.

A

1 독립하기 전에 경험을 쌓고자 하는 것은 아주 바람직한 생각입니다. 어떠한 이론도 실제로 경험하는 것보다는 못하기 때문입니다. 무역업무에 대한 경험을 쌓기 위해서는 무역사무직보다는 해외영업직을 택하는 것이 유리합니다. 서류 업무는 한두 달만 해보면 금방 배울 수 있지만 해외거래처를 개발하고 상담을 통해 거래를 성사시키는 데는 많은 훈련과 경험이 필요하기 때문입니다. 이 부분이 무역업무의 가장 핵심이 되는 부분이기도 하고요.

2 일단 영어로 상담할 수 있을 정도의 실력을 갖춘 후 여력이 된다면 중국어를 공부하는 것이 바람직합니다.

3 무역이 더 이상 비전이 없다는 데는 동의하지 않습니다. 우리나라의 GDP에서 무역이 차지하는 비중이 60%를 넘나들고 FTA를 비롯한 자유무역제도가 대세로 자리 잡아가고 있어 전 세계적으로 교역량은 지속적으로 늘어날 것입니다.

물론 우리나라의 경우 일부 대기업을 제외하고는 수출경쟁력이 갈수록 떨어져 수출할 만한 아이템을 찾기가 쉽지 않다든지, 정보통신기술의 발달과 함께 국내외 공급자와 수요자 간의 직거래가 늘어감에 따라 무역회사의 일감이 줄어든다는 등의 문제점이 대두되고 있는 것은 사실입니다.

하지만 중계무역이나 위탁가공무역을 활성화해서 수출경쟁력을 회복하고 국내외 공급자와 수요자 간의 직거래에서 발생하는 문제점을 보완할 수 있는 무역회사의 역할을 개발해 나감으로써 활로를 찾을 수 있을 것입니다.

간호학과 학생인데 오퍼상이 꿈입니다

Q

저는 현재 간호학과에 재학 중입니다. 사실 고2 때부터 제 꿈은 오퍼상이었으나 여러 가지 집안 사정과 제 부주의로 간호학과에 들어오게 되었습니다. 하지만 아직도 오퍼상이라는 제 꿈을 저버릴 수 없어 이렇게 교수님께 조언을 구하고자 합니다.

사실 간호사가 되면 안정된 직장을 가질 수는 있지만 저는 평생 후회만 하면서 불행한 나날을 보낼 것 같습니다. 지금이라도 국제경상학부로 옮겨 무역을 배우는 게 좋을까요? 아니면 간호학과를 졸업하고 오퍼상 준비를 하는 게 좋을까요?

국제경상학부 교수님과 상담해 보았는데 교수님께서는 제가 국제경상학부로 오는 것이 좋겠다고 말씀해 주셨습니다. 하지만 아직도 확신이 서지 않아 이렇게라도 조언을 구하고자 합니다.

A

우선 오퍼상이라는 직업을 동경하게 된 이유를 다시 한번 생각해 보기 바랍니다. 단지 오퍼상의 화려한 면만 보고 오퍼상을 하겠다고 나서는 것은 자제하는 것이 좋습니다. 오퍼상으로 성공하기까지는 그야말로 뼈를 깎는 노력이 필요하며 그와 같은 노력을 기울이고도 끝내 자리를 잡지 못할 수도 있습니다.

또한 오퍼상으로 일하기 위해서는 기본적으로 외국인과 의사소통에 지장이 없을 정도의 외국어 실력이 뒷받침되어야 합니다. 간호사하고는 비교도 할 수 없을 정도로 불안정한 직업이기도 합니다.

세상은 공평해서 간호사라는 직업은 일 자체는 힘들고 재미없다고 생각될 수도 있지만 안정된 직업 중 하나이며, 오퍼상이라는 직업은 얼핏 보면 상당히 자유롭고 성취감도 많이 느낄 수 있는 멋진 직업처럼 보이지만 잘 안 풀리면 평생 고생만 할 수도 있습니다.

그럼에도 불구하고 오퍼상에 대한 미련을 버릴 수 없다면 일단 도전해 보기 바랍니다. 오퍼상을 하기 위해 반드시 국제통상학과를 비롯한 무역 관련 학과를 전공할 필요는 없습니다. 학교에서 전공은 학문적으로 연구하는 것이기 때문에 전공과 관련 없이 무역 관련 일을 할 수 있습니다.

다만 오퍼상이 되기 전에 무역 관련 회사에서 일하면서 경험을 쌓으려면 취업전략상 간호학과보다는 국제경상학부가 유리하다는 점을 참고하기 바랍니다. 아무튼 최종 결정을 내리기 전에 다시 한번 신중하게 생각하기 바랍니다.

무역전공자의 고민입니다

Q

무역을 전공하는 무역학과 학생입니다. 지금 3학년이고 몇 년 뒤면 졸업인데 고민이 돼서 이렇게 글을 올립니다. 무역 전공이 저랑 안 맞는 것 같습니다. 솔직히 교과과정도 학교마다 다른 것 같고 어려운 무역용어와 이론 특히 인코텀즈 같은 건 반복해서 배우더라고요. 비엔나협약도 그렇고요. 학년이 바뀌면 새로운 것을 배우는 줄 알았더니 이미 다 배운 걸 반복해서 배우는 느낌도 듭니다. 무역실무를 굳이 4년 동안 배울 필요가 있나 하는 생각이 들고요.

물론 저도 잘못이 있겠지만 이래저래 고민이네요. 그리고 졸업반 선배한테 물어보니 무역이 비전 있는 건 10년 전이었지 지금은 전자무역 같은 걸로 무역도 예전 같지 않다고 하더라고요. 이래저래 고민이 돼서 두서없이 글을 올립니다.

A

학교에서 배우는 무역과 실제 무역현장에서 접하게 되는 무역과는 상당한 차이가 있습니다. 학교에서는 이론이나 지엽적인 내용까지 망라해서 배우기 때문에 어렵고 복잡하지만 실제 무역 일을 할 때는 학교에서 배운 내용 중 극히 일부만 알아도 충분합니다.

예를 들어 인코텀즈에서는 11가지 조건에 대해 규정해 놓았지만 대부분의 무역거래는 FOB와 CIF로 이루어집니다. 결제방식만 하더라도 책에서는 다양한 방식에 대해서 언급하지만 대부분의 무역거래는 T/T 아니면 L/C 방식으로 이루어집니다. 비엔나 협약을 비롯한 각종 법규나 규정을 숙지하지 않더라도 무역 일을 하는 데 큰 문제가 없습니다.

학교에서 배우는 무역과 실제 현장에서 필요한 무역의 차이를 좀 더 실감 나게 이해할 수 있도록 예를 들어보겠습니다. 주민센터에 가서 주민등록등본을 발급받는 걸 책으로 배운다고 가정해 보십시오. 주민등록등본의 법적인 성격과 관련 법규, 주민등록등본의 용도와 발급 절차, 양식 등을 총망라해서 이론식으로 배운다면 얼마나 복잡하겠습니까. 하지만 실제로는 이러한 사전 지식이 전혀 없더라도 누구나 손쉽게 주거지에 소재한 주민센터에서 주민등록등본을 발급받을 수 있습니다.

마찬가지로 무역현장에서 일해본 경험이 없는 교수님들이 이론식으로 가르치는 무역은 복잡하지만 실제로 무역회사 직원이 처리하는 무역업무는 한두 번 해보면 누구나 할 수 있을 정도로 쉽고 단순합니다. 따라서 학교에서 배우는 무역이 어렵고 복잡하다고 해서 무역을 포기할 필요는 없습니다. 실제로 무역현장에 나가 보면 각자 담당할 품목이나 거래형태에 따라 학교에서 배운 내용 중 극히 일부분만 필요하다는 걸 깨닫게 됩니다.

예전보다 무역의 비전이 없다는 지적에도 동의할 수 없습니다. 타사 제품을 취급하는 무역상사의 전망은 회의적일 수도 있지만 자사 제품의 해외영업을 담당하는 무역부(또는 해외영업부)의 경우에는 해당되지 않는 주장입니다. 또한 전자무역이 발달하더라도 상담에서 계약에 이르기까지 과정은 사람이 진행해야 하기 때문에 무역인력에 대한 수요는 꾸준히 이어질 것입니다.

무역 일을 하는 데 적합한 성격은

Q

사람마다 개개인의 독특한 성격도 있고 인격도 있는 것 같습니다. 무역 일을 하는 데는 어떤 성격의 사람이 적합할까요? 어떤 성격이 무역 일을 하는 데 도움이 될까요? 그리고 무역 일을 하는 데 적합지 않은 성격은 어떤 걸까요?

A

제 생각엔 무역 일을 하는 데는 꼼꼼하면서도 대담하고 사교성이 있는 사람, 즉 일처리는 꼼꼼하게 실수 없이 하면서도 중요한 결정을 내릴 때는 대범하고, 국내외 거래처와 좋은 인간관계를 유지할 수 있도록 적당히 사교적인 사람이 좋을 것 같습니다.

피해야 할 것은 성격이 급하거나 조급한 사람, 덤벙대는 사람,

일을 시작하자마자 결과를 보아야 직성이 풀리는 사람 등입니다. 왜냐하면 무역 일이란 농부가 농사를 짓듯이 씨를 뿌리고 한참을 기다려야 싹이 트기 때문입니다. 간혹 씨를 엄청 많이 뿌려도 아예 싹이 안 나올 수도 있고요.

대학 4학년이 무역직 취업을 위해 준비해야 할 것은

무역직으로 취업하고 싶습니다. 어린 시절에 중국 유학 경험이 있어서 중국을 대상으로 하는 무역직으로 취업을 결정했는데 4학년인데도 불구하고 HSK 6급과 700 초반의 토익성적, 그리고 한국사 자격증이 제 스펙의 전부입니다. 기왕이면 대기업이나 외국계기업에 취업하고 싶습니다.

이 시점에 제가 어떠한 방향으로 준비하는 것이 좋을지 모르겠습니다. 현재 4학년 1학기 수료했으며 대략 세 가지 계획을 갖고 있습니다.

1 토익 준비(850 이상을 목표로) 및 국제무역사 자격증 준비

2 무역아카데미 무역마스터과정 수강(한 학기 휴학하고)

3 국비지원 중국무역실무과정 수강(중국에서 하는 과정)

어떤 것이 무역전문가인 교수님이 봤을 때 저에게 실질적으로 도움이 될 것 같습니까?

A

1 대기업이나 외국계기업에서는 대부분 토익을 비롯한 영어성적을 요구하므로 일단 토익 점수를 높이는 데 주력하기 바랍니다.

2 국제무역사자격증은 따면 좋지만 대기업에 취업하는 데 필수적 요건은 아니니까 부담스러우면 따지 않아도 됩니다.

3 무역마스터과정은 대기업보다는 중소기업에 취업할 때 도움이 됩니다.

4 중국무역실무과정은 중국 관련 비즈니스가 활발한 기업에 취업할 때 도움이 될 것으로 보입니다.

대기업에서 사람을 뽑을 때는 실무지식보다 기본적인 어학실력이나 다양한 경험, 인성 등을 보는 경향이 있고, 외국계기업이나 중소기업에서는 당장 현장에서 일할 수 있는 실무형 인재를 뽑는 경우가 많으니 참고하기 바랍니다.

무역을 하려면
제2외국어는 무엇이 좋을까요

Q

전공이 국제통상학입니다. 전공을 살려 무역업체에 취업하려고 하는데 외국어 실력을 좀 더 길러야겠다는 생각이 듭니다. 무역 일을 하려면 영어는 기본이고 제2외국어도 할 수 있으면 좋지 않나요? 많은 외국어가 있지만 스페인어와 프랑스어 그리고 이탈리아어에 관심이 가는데요. 그중에 어느 나라 말을 하는 것이 앞으로 더 쓰임이 많을까요?

A

제2외국어에 대해서는 각자의 진로나 맡게 될 업무에 따라 다를 수 있지만 중국어나 일본어를 제외하고는 스페인어가 가장 활용도가 높습니다. 프랑스어의 경우 아직도 국제 사교계나 외교계에서 사용되는 경우가 적지 않지만 비즈니스적으로는 프랑스와 일부 아프리카 국가를 제외하고는 사용되는 경우가 별로 많지 않습니다.

스페인어의 경우에는 중남미국가 중 브라질과 일부 카리브해 연안 국가를 제외하고는 거의 전부 스페인어를 사용해서 비즈니스적인 활용도 면에서는 상대적으로 우위에 있습니다. 그뿐만 아니라 미국 내에서도 스페인어를 사용하는 히스패닉계의 인구가 급격히 늘고 있어서 향후 영어와 함께 미국 내의 주요 언어로 자리 잡을 것입니다.

이탈리아어는 이탈리아 외 지역에서는 거의 사용되지 않으므로 상대적으로 활용도가 떨어집니다.

제2외국어란 그야말로 second language로서 제2외국어가 전공이 아니라면 우선 영어 실력을 어느 정도 확고하게 다진 후 제2외국어에 관심을 가지는 것이 바람직합니다.

물론 현지어를 사용함으로써 현지인과 개인적인 친분관계를 돈독히 할 수는 있지만 현지인과 비즈니스 협상을 벌일 정도의 실력에 도달할 수 없다면 일단은 영어로 자신의 의사를 충분히 표현할 수 있을 정도의 실력을 기른 후 제2외국어에 관심을 갖는 것이 좋습니다.

개중에는 자신의 영어 실력이 남보다 뛰어나지 못한 단점을 커버하기 위해 일본어, 중국어를 비롯한 제2외국어에 매달리는 경우가 있는데 이는 바람직한 자세가 아닙니다. 아무리 열심히 공부한다고 해도 외국어는 외국어이기 때문에 어설픈 현지어 실력을 가지고 현지인과의 협상에서 주도권을 뺏기는 것보다는 상대방이 조금 불편해하더라도 영어로 협상을 벌임으로써 협상의 주도권을 놓치지 않는 것이 바람직합니다.

요새도 무역업의 전망이 좋은가요

Q

무역학과를 나와서 현재는 수입업체에서 일하고 있으며, 언젠가 제 사업을 해보고 싶은 생각도 있습니다. 하지만 딱히 아이템이 떠오르지 않습니다.

우리나라를 대표하는 글로벌기업인 삼성그룹도 처음엔(일제강점기부터) 오징어, 사과를 수출하고 설탕, 시멘트, 실 등 100여 가지에 달하는 소비재를 수입하는 삼성물산으로 시작했다는 건 다들 알 겁니다. 그러다가 6·25 전쟁 중 창고에 보관해둔 모든 물건을 잃어버렸지만 고철수출을 통하여 다시 일어섰고, 휴전 후에는 설탕을 수입하여 제일제당을 설립하는 계기를 마련하였지요.

이처럼 과거에는 워낙 물자가 귀하던 시절이라서 어떤 아이템이든 들여오기만 한다면 쉽게 부를 축적할 수 있던 시기였습니다.

하지만 요즘은 우리나라도 잘살고 또한 산업도 발전해서 과거에 비한다면 취급할 수 있는 품목이 엄청 줄어들었습니다. 수입해서 팔자니 국내에서 이미 생산되고 있는 품목이 많고, 그렇다고 수출을 하자니 제조업체에서 직접 수출을 하는 판국이 되어버렸지요. 정말 우리나라에서는 생산이 되지 않거나(석유나 와인 등의 비교우위가 확실한) 아니면 외국에서 들여오는 것이 가격 측면에서 훨씬 이익인 비교우위의 아이템이 많지가 않다는 겁니다.

교수님의 견해를 알고 싶습니다. 요새도 무역업(여기서 무역이라 함은 제조무역이 아니라 순수무역을 뜻합니다)이 전망이 좋은 업종이라고 보시는지요?

A

정보통신기술이 발달하고 무역거래절차가 간소화됨에 따라 제조나 유통을 겸하지 않는 순수한 무역업체의 설 자리가 점점 더 좁아지고 있으며 무역업의 전망이 밝지 않은 것은 엄연한 사실입니다.

무역거래의 대상이 되는 아이템의 종류는 꾸준히 늘어나고 있으나 국내외 제조업체와 실수요업체 또는 유통업체 간의 직접 거래가 늘어남에 따라 제조나 유통을 겸하지 않는 순수한 무역업체의 입지는 좁아질 수밖에 없습니다. 하지만 아무리 정보통신기술이 발달하고 제조업체와 유통업체 또는 실수요업체 간의 직거래가 활성화되더라도 무역업의 설 자리가 완전히 없어지지는 않을 것입니다.

우선 생각할 수 있는 것이 다양한 제품을 종합적으로 취급하는 전문무역상으로 활동하는 것입니다. 예를 들어 문방구나 사무용품의 경우 종류가 다양해서 각각의 제조업체로부터 물건을 수입하는 것보다 관련 제품을 종합적으로 취급하는 전문무역상과의 거래를 선호하게 됩니다. 화장품이나 자동차용품 등 다양한 분야에서 전문무역상들이 입지를 다질 수 있음을 확인할 수 있습니다.

이밖에도 직접 수출입거래에 나설 여력이 없는 신설 제조업체나 유통업체와 제휴해서 해외시장을 개척할 수도 있고, 아직 수출입거래에 익숙하지 않은 개발도상국가의 제조업체와 좀 더 안전한 거래를 원하는 선진국 수입업체를 연결하는 중계무역이나 중개무역으로 활로를 찾을 수도 있습니다.

결론적으로 무역업의 위상이 예전 같지 않고 미래전망 또한 낙관적이지는 않지만 제조업체와 수입유통업체 간의 직거래에서 발생할 수 있는 여러 가지 문제를 생각한다면 무역업의 존재가치는 지속적으로 유지될 것입니다.

이상주의자가
무역사업을 해도 될까요

Q

한두 달 전부터 친인척들과 같이 화장품 무역을 준비하고 있습니다. 기본적으로는 미국 아마존을 통해 수출하고 자금이나 루트가 생기면 동남아나 중국 쪽으로도 넓혀가려고 생각 중입니다. 또 책에서 언급하신 것처럼 원료 수입이나 완제품 수입도 가능해질 수 있겠죠. 같이하는 사람이 있다고는 하나 저는 걱정이 많습니다.

특히 제가 대부분의 실무를 맡아야 하는 상황에서 제 성향이 현실주의자보다는 이상주의자에 가깝다는 사실 때문입니다. 답이 정해져 있는 문제보다 없는 문제를 좋아하고 숫자보단 문자를, 과학보다는 문화를 좋아하는 성향인 것이죠. 저는 세상의 모든 것이 소통이라고 생각합니다.

소비자가 상품을 산다는 것은 소비자와 기업이 공통 주제인 상품을 놓고 대화하는 것이라고 봅니다. 먹방이 유행하는 것도 음식이라는 공감대로 대화를 하는 것이며 대화가 단절된 현대인이 소통할 수 있는 기회이기 때문이라고 생각하게 되네요.

이런 성향을 가진 제가 무역, 사업 등에 적합한 사람인지 계속 질문을 하게 됩니다. 직장이야 그만두면 되지만 사업상의 위험들을 제가 잘 극복할 수 있을지. 어쩌면 저는 너무 허무맹랑하고 나이브한 건 아닌지, 철이 없는 건지…. 실질적인 정보보다 어른, 선배로서 소장님께서 해주실 수 있는 조언을 구하고 싶어요. 저는 무역이나 사업에 맞는 사람일까요?

A

어떤 성향이 무역 일을 하는 데 적합한 것인가에 대해서는 정답이 없다고 생각합니다. 현실주의자가 앞서갈 수도 있고 이상주의자가 빛을 볼 수도 있습니다. 저도 지나칠 정도로 이상주의자에 가깝습니다만 이제까지 무역현장에서 일하면서 이런 성향이 크게 걸림돌이 된 적은 없었습니다.

무역 일을 할 때 특히 중요한 것이 상대방과의 소통입니다. 무역이 결국은 사람과 사람 간의 거래이기 때문입니다. 그런 의미에서 소통 능력이 뛰어나다면 무역 일을 하는 데 큰 힘이 될 것입니다.

다만 무역에 대한 막연한 동경심이나 잘될 것이라는 낙관적인 생각만 가지고 당장 직장을 그만두고 창업에 나서는 것에 대해서는 심사숙고해 보기 바랍니다. 창업하는 순간부터 현실적인 문제와 직면해야 하기 때문입니다.

여성으로서 무역상을 할 때
유리한 점과 불리한 점은

Q

저는 중국에서 장난감 수입업체의 수입업무를 담당하고 있습니다. 경력은 2년쯤 되었고요. 하지만 독립해서 무역상을 하고 싶습니다. 그런데 무역상이란 직업이 해외출장도 많고 그래서 여자 혼자 다니기에 다소 위험할 것도 같은데(특히 중국이나 후진국 등 치안이 좋지 않은 곳) 실제로는 어떨지 걱정이 됩니다. 여자라서 불리하거나 불가능한 일이 있을까요? 아니면 유리한 점은요? 답변 부탁드립니다.

A

여성이라고 해서 무역상으로 활동하는 데 특별히 불리할 것은 없습니다. 국내 거래처를 접대하는 것이 문제가 될 수도 있지만 요즈음엔 우리나라 기업의 접대문화도 많이 개선되어 크게 문제가 되지는 않습니다.

　해외거래처와의 관계에서는 오히려 여성이 더 유리할 수도 있습니다. 대부분의 나라에서 수출입업무를 여성이 담당하는 경우가 많고 여성 특유의 섬세한 감각으로 해외거래처를 상대한다면 더 좋은 결과를 기대할 수도 있습니다.

　해외출장 시 신변안전에 대해서도 크게 걱정할 일은 아닙니다. 아무리 중국과 같이 치안이 좋지 않은 곳이라고 하더라도 출장 중에 봉변(?)을 당할 확률은 우리나라에서 택시를 잘못 타서 위험에 처할 확률보다 훨씬 낮습니다. 제가 아는 영국 굴지의 수출업체의 아시아 담당 수출 매니저(export manager)도 여성분인데 수시로 아시아 전역을 돌아다니며 세일즈를 할 정도로 해외출장을 자주 다니지만 아직 어떤 위험에 처했다는 얘기를 들어보지 못했습니다.

　물론 여성으로서 독립적으로 사업을 꾸려나간다는 것이 말처럼 쉽지는 않겠지만 여성이라고 해서 무역상으로 활동하는 데 특별히 불리할 것은 없습니다.

무역직 신입으로 입사하려는데
어떤 회사가 좋을까요

Q

저는 전공이 다른 쪽이고 무역 관련 지식도 없지만 어학연수를 다녀와서 영어로 외국인과 소통은 가능한 수준입니다. 대학은 졸업한 상태고 무역직 신입으로 지원하니 세 곳에서 연락이 왔습니다. 한 곳은 어느 정도 체계가 잡힌 100명 미만의 중소·중견기업 해외영업부서이고, 다른 한 곳은 사무실에 거의 사장님하고 둘이서 근무하는 곳인데 다른 지역에 공장을 가지고 있습니다. 그리고 또 다른 곳은 10명 미만인데 공장은 없습니다.

연봉보단 경력을 쌓으며 일을 잘 배울 수 있는 곳이 이 중 어디일까요? 좀 혼란스럽습니다. 그렇다고 무역 일이 아닌 너무 잡무만 하고 싶진 않거든요. 나중에 타 기업 해외영업부로 연봉도 올리면서 이직할 수 있도록 처음에 많이 잘 배울 수 있는 곳을 가고 싶은데 회사 스타일이 다 달라서 혼란스럽습니다.

그리고 제가 입사한 무역회사에서 만약 기계를 다룬다면 나중에 이직 시 다른 업종이나 제가 잘 모르는 제품 쪽으로 이직하기는 무난할까요?

A

일장일단이 있습니다. 상대적으로 규모가 크고 체계가 잡힌 회사에 입사하면 좀 더 안정적이고 체계적으로 일을 배울 가능성이 크나 담당업무가 특정 분야에 치우칠 가능성이 있으며, 상대적으로 규모가 작은 회사에 취업하면 좀 더 다양한 업무를 접할 가능성은 크지만 일을 체계적으로 배울 수 없고 불안정하다는 단점이 있습니다. 따라서 해당 기업의 내용과 분위기를 좀 더 면밀히 검토한 후 최종 결정을 내리기 바랍니다.

무역업무의 기본 흐름은 아이템과 상관없이 유사하기 때문에 다른 업종으로 이직은 가능하나 회사 입장에서 이왕이면 동일 업종 경험자를 우대할 가능성이 있습니다.

무역 일을 하고 싶은데 어떤 회사에
취업할지 고민입니다

Q

무역회사에 취업하기 위해 여기저기 찾아보고 있는데 취업 정보 사이트에는 정말로 많은 무역회사가 있습니다. 대기업 공채에서는 낙방하여 잡코리아에서 일을 찾아보고 있는데 몇 번 면접을 보러 갔습니다. 전 직원이 4명밖에 안 되는 임플란트 수입업체부터 상대적으로 규모가 큰 스테인리스 와이어를 수출하는 회사까지 면접을 보고 왔습니다.

시작을 조금이라도 큰 곳에서 하는 것이 비전이 있지 않을까 생각하는데 임플란트 수입업체에서는 인허가 업무 하나는 확실하게 배울 수 있을 거라고 하더라고요.

그런데 무역의 무자도 모르는 입장에서 인허가 업무를 배우면 나중에 비전이 있는지 그 인허가 업무라는 것은 다른 무역회사에서도 다 배울 수 있는지, 어떤 것이 좋은지 고민입니다. 저는 2년에서 3년 정도 일을 배워서 대기업에 경력사원으로 가고 싶습니다. 작은 기업을 가는 것이 좋은지 그래도 조금 큰 곳을 가는 것이 좋은지 고민입니다.

A

무역회사에 취업할 때 작은 회사가 좋은지 조금 규모가 있는 곳이 좋은지에 대해서는 단정적으로 말씀드리기 곤란합니다. 작은 회사지만 내용적으로 알찬 회사도 있을 수 있고 규모는 크더라도 실제 내용을 들여다보면 부실한 회사도 있을 수 있기 때문입니다.

일반론으로 말씀드리면 회사 규모가 클수록 업무가 세분화되어 무역의 전반적인 내용을 배우기가 힘들어질 수도 있으나, 회사에 따라서는 규모와 상관없이 담당자가 처음부터 끝까지 책임지고 업무를 처리하도록 하는 회사도 있습니다.

따라서 회사 규모가 크냐 작으냐를 따지기에 앞서 구체적으로 해당 회사가 어떤 아이템을 취급하는 곳이며 업무내용이 어떤지를 꼼꼼히 따진 후 결정하시기 바랍니다.

인허가 업무는 무역의 극히 일부분에 불과하며, 본격적인 무역 업무라고 볼 수는 없습니다. 앞을 내다본다면 인허가 업무보다는 직접 해외거래처를 상대할 수 있는 해외영업 쪽이 유망합니다.

장차 무역사업을 하고 싶은데
어떤 회사를 들어가면 좋을까요

Q

졸업 후 종합상사나 무역회사 취업을 목표로 하는 대학교 4학년 경제학과 학생입니다. 현재는 외국계 기업에서 인턴으로 근무하고 있습니다. 일단 기업체에 입사해서 경험을 쌓은 후 이후에는 작더라도 제 사업을 시작하는 것이 꿈입니다.

그런데 취업을 어느 방향으로 정해야 할지 구체적으로는 감이 잡히질 않습니다. 저 자신은 오랫동안 상사맨이 되는 것을 목표로 해왔는데 주위에서 상사는 비전이 없다는, 상사의 시대는 갔다는 말도 종종 접하게 되고 실제로도 그런 면이 없지 않은 것 같습니다.

그래서 경험과 인맥을 쌓기에 종합상사가 나을지, 대기업의 해외영업 파트가 나을지 잘 판단이 서질 않습니다. 대기업의 경우 입사한다 하더라도 꼭 해외영업 파트에서 근무한다는 보장이 없을 것 같기도 하고요.

제가 장차 오퍼상이나 작은 무역업체를 시작하기 위해서는 종합상사가 나을지, 대기업 해외영업 파트가 나을지 교수님의 조언 부탁드립니다.

그리고 하나만 더 조언을 부탁드리면, 앞으로 무역인이 되기 위해 지금 대학교 졸업반 학생으로서 어떤 준비를 하는 것이 좋을지 교수님의 조언을 듣고 싶습니다. 일단 외국어는 남들에 비해서는 잘하는 편(영어, 일본어, 중국어)이긴 한데 중국어의 경우 자격증은 있지만 회화 실력은 아직 부족한 편입니다.

대학생활 마지막 해를 외국어 공부를 하고 무역아카데미 과정 같은 걸 들으며 무역에 대한 이해를 쌓으면서 보내려고 하는데, 괜찮은 생각일까요?

A

종합상사의 역할이 예전보다 많이 위축된 것은 사실입니다. 경험이나 인맥을 쌓기에는 오히려 대기업의 해외영업 파트가 더 유리할 수도 있습니다. 문제는 대기업에 입사한다고 해도 해외영업 파트에서 근무한다는 보장이 없다는 것인데 이것은 종합상사의 경우에도 마찬가지입니다.

경험을 쌓는다는 측면에서 보면 오히려 중소 제조업체에 들어가서 주도적으로 해외영업 업무를 담당하는 것이 유리할 수도 있습니다. 대기업에서는 업무의 분업화로 한 사람이 무역 일을 전반적으로 다루기보다는 특정 부분의 일만 담당하는 경우가 많습니다. 예를 들어 어떤 직원은 해외시장조사나 해외거래처를 개발하는 업무만 담당하고, 어떤 직원은 기존 거래처와의 계약업무만 담당하며, 다른 직원이 따낸 오더의 서류작업이나 클레임 처리만 담당하는 사람도 있습니다.

따라서 나중에 독립해서 무역사업을 할 계획이 있다면 대기업보다는 중소기업에서 다양한 경험을 쌓는 것이 유리합니다. 대기업과 중소기업이 취급하는 아이템에도 차이가 있어서 대기업에서 담당했던 아이템을 가지고 독립하기가 힘들다는 것도 참고하기 바랍니다.

무역인이 되기 위해서는 우선 외국어 실력을 기르는 데 주력하기 바랍니다. 외국어 중에서도 영어 실력을 기르는 데 우선 주력하고 영어 중에서도 작문 실력을 기르는 데 좀 더 신경을 쓰기 바랍니다. 영어 실력이 궤도에 올랐다면 중국어 실력도 계속 다져두면 도움이 될 것입니다.

무역실무는 이론 위주의 책에 매달리기보다는 기본적인 내용만 파악하고 실무에서 익힐 수 있도록 준비하기 바랍니다.

무역아카데미에서는 다양한 무역실무 과정을 운영하고 있으므로 당장 일할 사람이 필요한 중소기업에 취업하는 데 유효합니다. 대기업에서는 신입사원을 뽑을 때 실무지식보다는 인성을 우선시하기 때문에 무역아카데미 과정을 이수했다고 해서 가산점을 받는 경우는 흔치 않습니다.

무역회사 첫 출근을 앞두고
고민입니다

Q

1년 전 즈음 한 친구가 만날 때마다 무역 이야기를 해서 하루는 도서관에 가서 무역과 관련된 책을 몇 권 빌려서 읽었습니다. 이기찬 선생님 책도 있었고요. 저에게는 작은 충격이었고, 대학 때 하지 않은 외국어 공부부터 하기 시작했습니다. 무역업에 종사하고 싶다는 열정이 생겨서였습니다.

오늘 며칠 전 면접을 본 작은 무역회사로부터 연락이 왔습니다. 돌아오는 월요일부터 출근할 수 있겠냐고 물어서 저는 당연히 그러겠다고 했습니다. 실전에서 부딪치면서 배워보겠다는 마음이 컸기 때문입니다.

근데 솔직히 겁도 납니다. 영어회화 실력이 아주 유창하다고 할 수 있는 수준은 못 됩니다. 의사소통에 문제없는 정도입니다. 작문 역시 좀 어설프다는 게 솔직한 제 위치입니다. 무역사무와 관련해서는 아는 게 거의 전무한 상태입니다.

회사에서 3개월 동안은 수습이라고 하지만 이런 제가 과연 잘할 수 있을까요? 무엇부터 해나가야 할까요? 조언해 주시면 정말 감사하겠습니다.

A

모든 일이 그런 것처럼 처음 시작하려면 두려움이 앞서기 마련입니다. 하지만 실제로 일을 해보면 걱정했던 것처럼 힘들지는 않다는 것을 깨닫게 됩니다.

의사소통에 문제가 없는 정도의 영어 실력을 갖추었다면 일단 영어에 대해서는 크게 걱정하지 않아도 됩니다. 국내에서 물건을 사고팔 때 고차원적인 대화를 나누지 않듯이 무역거래에서도 어려운 표현을 쓸 일이 많지 않습니다.

특별한 경우가 아니라면 대면 상담보다는 이메일 등을 통한 연락이 주를 이루기 때문에 회화 실력이 떨어지더라도 영문으로 이메일을 작성할 수 있을 정도의 영어 실력이 있으면 무역 일을 할 수 있습니다. 이메일의 경우 신속하고 정확한 의사소통을 위해서 고급영어보다는 단문의 쉬운 문장이 환영받기 때문에 요령만 익히면 금방 적응할 수 있습니다.

무역실무지식의 경우 일을 시작하기 전에 기본적인 무역용어 정도는 알아두는 것이 좋지만 설사 무역의 무자도 모르고 시작하더라도 일을 하면서 금방 배울 수 있으므로 너무 걱정하지 않아도 됩니다. 현재 무역 일을 하는 사람들은 대부분 무역의 무자도 모르고 일을 시작했다는 사실에 주목하기 바랍니다. 정 불안하다면 기본적인 무역용어와 무역업무절차를 정리해 놓은 무역실무서를 한 권 정도 읽어보기 바랍니다.

물류업체 경력자로서
무역업체로 이직하려고 합니다

저는 영문과 출신으로 물류업체에 취업했습니다. 원래 무역에 관심이 있었지만 원하는 회사에 취업이 안 돼서 일단 물류업체에서 경험을 쌓은 후 무역회사로 이직할 생각으로 물류업체에 취업하게 되었습니다. 하지만 막상 무역회사에 경력직으로 들어가려고 하니 쉽지 않네요. 주변에서는 이왕 물류업체에 발을 들였으니 물류전문가로 성장하는 것이 낫지 않느냐고 하지만 저는 무역에 대한 꿈을 버릴 수 없습니다. 어떻게 하는 것이 좋을까요?

A

물류업체와 무역업체에서 하는 업무에는 근본적인 차이가 있습니다. 물류업체에서는 물품이 이동하는 데 필요한 업무를 중점적으로 처리하고 무역업체에서는 해외거래처와의 계약을 성사시키고 관리하는 업무에 주력합니다. 따라서 무역업체로 이직할 때 물류업체에서 일한 경력을 인정받는다는 보장이 없습니다. 그럼에도 불구하고 무역에 대한 꿈을 버릴 수 없다면 물류업체 경력을 포기하고 신입사원으로 새 출발 하는 것을 각오하기 바랍니다.

　일단 대기업이나 중견기업에 도전해 보되, 여의치 않다면 잘 알려지지 않은 중소기업 중에서 경쟁력이 있는 업체를 찾아보기 바랍니다. 이왕이면 처음부터 마음에 드는 회사에 취업하는 것이 좋겠지만 여건이 되지 않는다면 일단 중소기업에 들어가서 다양한 무역 경험을 하며 경력을 쌓은 후 다른 회사로 이직하거나 독립적으로 무역 일을 할 수 있는 기회를 찾아보기 바랍니다.

취업을 할지 무역창업을 할지
고민입니다

Q

저는 인턴으로 무역회사에서 일했는데 무역 일이 제 적성에 잘 맞는 것 같습니다. 인턴이 끝나고 취업보다는 창업 쪽에 더 관심을 갖게 되었습니다. 하지만 당장 수입이 없으면 힘든 상황이라 고민입니다.

우선 취업하는 게 답일까요? 결국에는 제가 스스로 무역상이 되는 것인데 취업을 하고 몇 년이 지나다 보면 너무 늦을까 봐 걱정되네요.

A

당장 수입이 없으면 힘든 상황이라면 취업을 해서 좀 더 경험을 쌓은 후 독립할지를 결정하는 것이 바람직합니다. 아무런 아이템이나 거래처도 없이 무작정 창업해서 자리를 잡기까지는 오랜 시간이 걸리고 아무리 노력해도 끝내 자리를 잡지 못할 수도 있습니다.

　취업하는 데는 나이가 중요하지만 창업하는 데는 나이가 크게 문제되지 않습니다. 따라서 지금 당장 창업을 하기보다는 우선 취업해서 경험도 쌓고 자신감이 생긴 후 창업해도 늦지 않습니다. 막연히 잘될 거라는 기대감만 가지고 창업하는 것은 너무나 위험한 발상입니다.

취업보다 창업에 마음이 끌립니다

Q

무역에 관심이 많은 취업준비생입니다. 무역 일을 할 수 있는 업체를 찾고 있는데 대기업은 취업의 문이 너무 좁고 중소기업에 취업하려고 하니 장래도 불투명하고 안정적이지도 않은 것 같아서 망설이게 됩니다. 이럴 바에야 차라리 독립적으로 무역 일을 하는 것이 낫지 않을까 하는 생각도 드는데 실무경험 없이 무역 일을 시작해도 되나요? 무역 관련 학과를 전공하지는 않았지만 책을 통해 기본적인 무역용어나 절차에 대해서는 어느 정도 공부해 둔 상태입니다.

A

무역에 관심은 있지만 현실적으로 마음에 드는 일자리를 구하는 것이 쉽지 않은 것이 사실입니다. 종합상사나 대기업 해외영업부에 취업하는 것은 하늘의 별따기처럼 어렵고 무역직을 모집하는 중소기업은 많지만 열악한 근무여건과 미래에 대한 불안감 때문에 선뜻 입사를 결정하지 못하는 경우도 많습니다.

이런 경우 기본적인 무역실무지식이 있다면 실무경험 없이도 독립적으로 무역 일을 시작할 수는 있지만 초기에 다양한 시행착오를 각오해야 합니다. 무역거래가 워낙 다양한 형태로 이루어지기 때문에 사전에 책이나 강의를 통해 충분히 공부했다 하더라도 실전에 들어가면 다양한 문제에 노출될 수밖에 없습니다.

따라서 가급적 중소기업에라도 들어가서 충분한 경험을 쌓은 후 독립 여부를 결정하는 것이 바람직하지만 끝내 취업이 여의치 않아서 독립해야겠다면 처음부터 큰 기대는 하지 말고 배운다는 자세로 시작하기 바랍니다.

모든 사업이 그런 것처럼 아무런 연고나 경험 없이 사업을 시작해서 자리를 잡기까지는 각고의 노력이 필요하고, 그런 노력에도 불구하고 끝내 자리를 잡지 못하고 주저앉을 수도 있다는 사실을 잊지 말기 바랍니다. 물론 실무경험 없이 무작정 창업을 해서 크게 성공한 경우도 있습니다. 따라서 창업을 결심할 때 지나치게 낙관적이거나 비관적인 극단적 생각을 경계하고 최대한 숙고해 최선의 결정을 내리기 바랍니다.

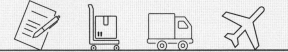

3장

무역실무
이것만 알면 OK

무역업무의 흐름

  큰 흐름에서 보면 무역거래라고 해서 국내거래와 특별히 다를 것이 없다. 거래처가 외국에 있을 뿐이지 물건을 사고파는 과정은 국내거래와 큰 차이가 없기 때문이다. 따라서 국내에서 물건을 사고팔 때의 과정을 무역거래에 그대로 대입해 보면 좀 더 쉽게 무역업무의 흐름을 이해할 수 있다.

  물건을 사고팔기 위해 가장 먼저 해야 할 일은 무엇일까? 바로 어떤 물건을 누구에게 팔 것인지 또는 누구로부터 어떤 물건을 살지를 정하는 것이다. 이를 교과서적인 말로 바꾸면 아이템과 거래처의 개발이 된다. 이때 거래처를 국내에서 개발하면 국내거래가 되고 해외에서 개발하면 무역거래가 된다.

  아이템과 거래처가 정해진 다음에는 무엇을 해야 할까? 예를 들어 물건을 하나 사기 위해서 시장에 갔다고 하자. 시장에서 물건을 파는 상인과 무엇을 해야 물건을 살 수 있나? 바로 흥정이다. 흥정이란 물건을 사고팔 사람이 '가격이 얼마냐?' '좀 깎아달라' '결제는 어떻게 하면 되나?' 등과 같이 거래에 따르는 조건을 협의하는 걸 뜻하며 물건을 사고팔기 위해 가장 중요한 과정이라고 할 수 있다.

흥정이라는 말을 회사 용어로 바꾸면 상담이 된다. 즉 회사에서는 '저 오늘 흥정 한 건 하고 오겠습니다'라고 말하는 대신 '상담좀 하고 오겠습니다'라고 표현한다. 결국 흥정이나 상담은 같은 말로 물건을 팔 사람과 살 사람 간에 가격이나 결제조건 등을 비롯한 모든 조건을 협의하는 것을 뜻한다. 상담과정을 거쳐 거래에 따르는 모든 조건에 합의하는 것을 계약이라고 한다.

계약이 체결되고 나서부터의 업무는 국내거래와 무역거래 간에 차이가 있다. 국내거래에서는 계약이 되면 운송과정을 통해 계약된 물건을 주고받으면 끝나지만 무역거래에서는 추가로 보험을 들어야 하고 통관절차를 거쳐야 한다.

무역거래를 하기 위해 들어야 하는 보험은 어떤 보험일까? 바로 적하보험이다. '적하보험'이란 말에서 '적'자는 '적재하다' 또는 '선적하다'라는 용어에 사용하는 것으로서 물건을 싣는다는 뜻이고 '하'자는 '하차하다' 또는 '하역하다' 같은 용어에 사용하는 것으로서 물건을 내린다는 뜻이다. 결국 적하보험이란 공장이나 창고에서 물건을 실을 때부터 바이어가 원하는 장소에 물건을 내릴 때까지 즉 물건이 이동되는 중 일어나는 사고에 대한 손해를 보상해 주는 보험을 뜻한다.

국내거래에서는 이와 같은 적하보험에 가입하지 않는다. 물건이 이동하는 거리가 짧아서 사고가 날 확률이 낮고 거래 규모도 상대적으로 작기 때문이다. 하지만 무역거래의 경우에는 이동거리가 멀고 거래규모도 상대적으로 크기 때문에 적하보험에 가입하는 것이 필수적이다. 만약 적하보험에 가입하지 않은 상태로 물건이 이동하는 도중에 사고가 나면 큰 손실을 감수해야 하기 때문이다.

이와 같이 무역거래에서는 적하보험에 가입하는 것이 상당히 중요하기 때문에 무역 관련 학과에서는 한 학기 동안 '보험론'이라는 과목을 배우기도 한다. 하지만 무역 일을 하기 위해서 '보험론'이란 과목을 따로 공부할 필요는 없다. '보험론'에서 중점적으로 다루는 것이 보험의 약관인데 우리가 자동차보험에 가입할 때 약관을 따로 공부하지 않듯이 굳이 적하보험의 세세한 약관까지 공부하지 않더라도 사고가 났을 때 보상을 받는 데는 아무 문제가 없기 때문이다.

중요한 것은 무역거래에서 보험을 셀러와 바이어 중 누가 드느냐 하는 것이다. 보험을 양쪽에서 다 들 필요는 없고 한쪽에서만 들면 되는데 과연 셀러와 바이어 중 누가 보험에 들어야 할까? 정답은 무역거래에서 보험을 누가 들어야 한다고 정해져 있는 것이 아니라 상담과정에서 누가 보험에 들지를 정해야 한다는 것이다. 즉 셀러가 보험에 드는 조건으로 계약하면 계약금액에 보험료를 포함시키고, 바이어가 보험에 드는 조건으로 계약하면 계약금액에서 보험료를 제외하는 식으로 계약금액을 정하며, 보험에 들어야 하는 쪽에서 보험회사에 연락해서 보험에 가입하면 보험 관련 업무는 일단락이 된다.

마지막으로 통관은 통과할 '통'자와 세관 '관'자로 세관을 통과하는 절차를 뜻한다. 외국여행을 하고 귀국할 때 공항에서 세관원 앞을 통과해 나오는 것도 통관하는 것이며 여행객으로 휴대품을 통관한다고 해서 휴대품통관이라고 한다. 휴대품통관절차는 간단하지만 무역거래 시에는 정식통관절차를 거쳐야 한다. 정식통관절차는 세관에 수출신고서 또는 수입신고서를 제출하고 세관에서 이를 심사한 뒤 해당 물품이 외국으로 나가거나 외국에서 국내로 들어오는 데 아무 문제가 없음을 확인한 뒤 수출신고필증 또는 수입신고필증을 교부해 주는 식으로 이루어진다.

이와 같은 통관절차야말로 국내거래와 무역거래를 구분하는 가장 큰 차이라고 할 수 있다. 즉 통관이란 물품이 국경을 넘어갈 때만 필요한 절차이기 때문에 같은 나라 안에서 물품을 사고파는 국내거래의 경우에는 통관절차를 거칠 필요가 없지만 해외로 물품을 내보내거나 해외에서 물건을 들여오는 무역거래에서는 반드시 통관절차를 거쳐야 한다.

이상에서 설명한 대로 아이템과 거래처를 개발하고 상담과정을 거쳐 계약을 체결한 후 적하보험에 가입하고 통관절차를 거친 다음 물품을 운송하는 것이 무역실무의 전부라고 할 수 있다. 여기서 중요한 것은 무역실무에는 앞서 언급한 내용이 모두 포함되지만 실제로 무역회사에서 하는 일은 계약을 체결하는 데서 일단락된다는 것이다. 계약이 체결된 후 운송이나 보험, 통관 등과 관련된 업무는 크게 보면 무역업무에 포함되지만 이는 무역회사에서 직접 처리하는 것이 아니라 아웃소싱 개념으로 외부업체에 맡겨서 처리한다.

우선 운송 업무를 대신 처리해 주는 업체를 포워더(forwarder)라고 한다. 포워더는 일종의 여행사라고 할 수 있다. 우리가 외국여행을 갈 때 여행사를 통해 비행기를 예약하고 호텔을 예약하듯이 물품이 여행해야 하는 무역거래에서는 무역회사를 대신해서 포워더가 운송스케줄을 짜고 컨테이너를 수배하며 선박이나 항공기를 예약하는 운송 관련 업무를 일괄해서 처리해 준다. 마치 이사할 때 이삿짐센터에 맡기면 알아서 처리해 주듯이 운송 관련 업무는 포워더에게 맡겨서 처리하는 것이 일반적이라 굳이 운송과 관련한 세세한 내용을 몰라도 수출하거나 수입하는 데 아무런 문제가 없다(단 석유나 곡물 같은 원자재를 거래할 때는 무역업체에서 직접 운송 업무를 처리해야 하므로 별도로 공부해야 한다).

보험업무는 앞서 언급한 대로 계약할 때 합의한 조건에 따라 수출자와 수입자 중 한 곳에서 보험회사에 가입했다가 사고가 발생하면 보험회사에 신고하고 보상을 받으면 된다. 적하보험에 가입하고 보상받는 절차는 자동차보험에 가입하고 보상받는 절차와 크게 다르지 않다. 일단 보험에 가입만 하면 모든 보험업무는 보험회사에서 처리해 주므로 보험의 약관이나 보상절차와 같은 구체적인 내용을 몰라도 보상을 받는 데 문제가 없다.

마지막으로 무역거래에서 필수적인 통관업무는 관세사가 무역회사를 대신해서 처리해 준다. 세관에 수출신고서나 수입신고서를 제출하는 것부터 통관절차가 마무리될 때까지 전 과정을 관세사가 처리해 주므로 통관절차를 비롯한 통관 관련 업무에 대해서는 세세한 내용을 몰라도 된다.

결론적으로 해외거래처를 개발해 계약에 이르기까지의 업무는 무역회사에서 처리하고 계약이 체결된 후 통관과정을 거쳐 물건이 이동되는 과정에서의 업무는 각각 관세사와 포워더를 통해 처리한다고 정리할 수 있다.

해외거래처는 어떻게 개발하나

　무역거래를 위해서는 우선 해외거래처가 있어야 한다. 수출하는 경우라면 해외바이어가 있어야 하고, 수입하는 경우라면 해외공급자가 있어야 한다. 해외의 유력 바이어나 공급자는 어떻게 개발할까?

　가장 손쉽게 해외거래처를 개발하는 방법은 인터넷을 이용하는 것이다. 수출의 경우라면 자사의 수출품을 소개하는 웹사이트를 만들어 인터넷을 통해 홍보함으로써 해외바이어를 만날 수 있고, 수입의 경우라면 웹사이트 서핑을 통해 자신이 원하는 물품을 공급해 줄 해외공급자를 찾을 수 있다.

　하지만 전 세계적으로 워낙 많은 웹사이트가 운영되어 인터넷 검색으로 자신이 원하는 해외거래처를 찾는 것이 쉬운 일은 아니다. 이런 문제를 해결하기 위해 인터넷 공간에서 전 세계 셀러와 바이어를 연결해 주는 인터넷 무역거래알선사이트를 이용하는 것이 좋다. 가장 활발하게 운영되고 있는 인터넷 무역거래알선사이트로는 알리바바닷컴(www.alibaba.com), 이씨21(www.ec21.com), 이씨플라자(www.ecplaza.net) 등이 있다.

이들 사이트는 국내에서 운영되는 인터넷쇼핑몰과 유사한 방식으로 운영된다. 즉 수출업자가 자신이 수출하고자 하는 물건을 사이트에 올려놓으면 수입업자가 검색창이나 품목분류표를 통해 자신이 수입하고자 하는 물품을 확인하고 수출자에게 연락하는 식으로 사이트를 이용할 수 있다.

다만 국내에서 운영되는 인터넷쇼핑몰이 사이트 내에서 물품을 주문하고 결제 및 배송확인까지 모든 거래과정을 일괄적으로 처리해 주는 식으로 운영되는 데 반해 인터넷무역거래알선사이트는 단순히 셀러와 바이어가 서로 만나는 것까지만 지원되고 계약체결부터 대금결제, 운송에 이르기까지 수출입절차는 당사자 간에 별도 채널을 통해 진행해야 한다.

앞서 언급한 인터넷 무역거래알선사이트 말고도 한국무역협회에서 운영하는 트레이드코리아(www.tradekorea.com), KOTRA에서 운영하는 바이코리아(www.buykorea.org), 중소벤처기업진흥공단에서 운영하는 고비즈코리아(www.gobizkorea.or.kr)를 통해서도 해외바이어를 개발할 수 있다.

두 번째로 해외거래처를 개발하는 방법으로는 무역 디렉토리가 있다. 무역 디렉토리란 전 세계의 제조업체와 무역업체들의 주소록으로 대표적인 무역 디렉토리로는 컴파스(www.kompass. com), 토머스리지스터(www.thomasregister.com) 등이 있다.

무역 디렉토리의 장점은 디렉토리 발간회사에서 자료를 취합해 책자로 발간하기 때문에 인터넷 무역거래알선사이트를 통해서는 만나기 힘든 전 세계 유명업체들에 관한 정보를 접할 수 있다는 것이다. 그러나 자료의 업데이트가 여의치 않고 인터넷 무역거래알선사이트와 비교해 볼 때 상대적으로 사용하기가 불편하다는 단점도 있다. 무역 디렉토리는 한국무역협회나 KOTRA 등과 같은 무역 관련 기관 자료실에서 열람할 수 있다.

세 번째로 해외거래처를 개발하는 방법은 무역 관련 기관을 활용하는 것이다. 우리나라의 대표적 무역 관련 기관으로는 한국무역협회(www.kita.net), KOTRA(www.kotra.or.kr), 대한상공회의소(www.korcham.net), 한국수입업협회(www.koima.or.kr) 등이 있다. 이들 기관에서는 앞서 소개한 대로 인터넷 거래알선사이트를 통해 한국제품에 관심 있는 바이어를 연결해 주거나 해외바이어나 셀러와의 상담회를 통해 국내기업이 해외거래처를 개발할 수 있는 다양한 기회를 제공한다.

특히 전 세계적으로 방대한 무역관을 운영하는 KOTRA에서는 개별 무역관에서 입수하는 고급시장정보를 제공하고 해외지사화 사업 등을 통해 중소기업의 해외진출을 적극적으로 지원해

준다. 한편 특정 국가를 대상으로 해외거래처를 개발하는 경우라면 상대국의 무역 관련 기관을 접촉해서 관련 정보를 입수할 수도 있다.

마지막으로 전시회에서도 해외거래처를 개발할 수 있다. 전 세계적으로 매일같이 수많은 전시회가 열린다. 취급 품목에 따라 세계적으로 유명한 전문전시회에 출품해서 바이어를 개발하거나 해외전시회 참관을 통해 해외공급자를 개발할 수 있다. 특히 독일에서 열리는 전문전시회에는 해당 품목을 취급하는 세계적인 바이어와 공급자가 거의 대부분 참가하므로 해외거래처를 개발하기 위한 최적의 장소로 손꼽힌다.

해외전시회와 관련된 좀 더 자세한 자료는 글로벌전시포털(www.gep.or.kr)에서 찾아볼 수 있으며 KOTRA를 비롯한 각종 무역기관에서 제공하는 무역전시회지원제도를 통해 전시비용 지원 및 국가관 운영 등의 지원을 받을 수 있다.

가격은 어떻게 정하나

아이템과 거래처가 정해지면 상담을 통해 계약조건에 합의해야 한다. 무역거래를 위한 상담이라고 해서 국내거래를 할 때와 크게 다르지 않다. 국내거래를 할 때와 마찬가지로 물건을 사고팔기 위해 거래당사자 간에 기본적으로 합의해야 할 조건을 협의하면 된다.

물건을 사고팔 때 우선 어떤 물건 몇 개를 얼마에 사고팔지를 정해야 한다. 즉 물품의 내역(description), 수량(quantity), 가격(price)에 합의하는 것이 중요하다. 여기서 문제가 되는 것이 가격이다. 국내거래의 경우에는 가격을 정할 때 그냥 얼마라고 정하면 된다. 하지만 무역거래에서는 그냥 얼마라고 정해서는 문제가 발생한다.

셀러 쪽에서는 공장에서 출고하는 조건으로 가격을 정했다고 하고 바이어 쪽에서는 당연히 자기가 원하는 장소에 도착할 때까지 발생하는 모든 비용이 포함된 조건으로 가격을 정했다고 주장할 수 있기 때문이다. 따라서 무역거래에서 가격을 정할 때는 그냥 얼마라고 정하면 안 되고 반드시 어떤 조건에서 얼마라는 식으로 해야 한다. 이때 정하는 조건을 trade terms라고 하며 우리말로는 거래조건이라고 한다.

거래조건이라는 개념은 무역거래에만 있는 것이 아니라 국내거래에도 적용되는 개념이다. 예를 들어 똑같은 물건을 인터넷쇼핑몰에서 구입하더라도 가격에 배송료를 포함시킨 가격을 제시하는 쇼핑몰이 있고 배송료를 별도로 부과하는 쇼핑몰이 있다. 이와 같이 배송료를 가격에 포함시켰는지에 따라 두 가지 거래조건으로 나뉘며 구매자는 거래조건을 감안하여 어디서 구매할지를 정하게 된다.

즉 물건값 외에 발생하는 부대비용을 가격에 포함시킬지에 따라 거래조건이 나뉘는데 국내거래에선 물건값 외에 발생하는 부대비용이 배송료밖에 없기 때문에 배송료가 포함된 가격과 포함되지 않은 가격과 같이 두 가지 조건밖에 없지만 무역거래의 경우에는 조건이 복잡해진다. 그 이유는 앞서 무역업무의 흐름에서 언급한 대로 국내거래는 계약된 물건을 주고받으면 끝나지만 무역거래를 하기 위해서는 물건을 운송하는 것으로 끝나는 것이 아니라 보험도 들어야 하고 통관도 해야 해서 부대비용의 종류가 운송료, 보험료, 통관비 등으로 늘어나기 때문이다.

여기서 더 문제가 되는 것이 무역거래의 경우 운송비나 통관비가 세분화된다는 것이다. 즉 운송비의 경우 수출국 내에서의 운송비, 수출국에서 수입국까지 가는 운송비, 수입국 내에서의 운송비로 세분화되고, 통관비의 경우에도 수출통관비와 수입통관비로 나뉜다. 따라서 무역거래에서의 거래조건은 운송비 3가지, 보험료, 통관비 2가지를 조합해서 정해야 하는데 이와 같이 세분화된 부대비용을 감안해서 만들 수 있는 거래조건의 경우의 수가 너무 많기 때문에 가격을 정하는 것 못지않게 거래조건을 정하는 것이 쉬운 일이 아니다.

이렇게 세분화된 비용을 감안해 거래조건을 정하는 것이 쉬운 일이 아닌데 계약할 때마다 그때그때 거래조건을 정한다고 하면 바이어나 셀러가 힘들 수밖에 없다. 이런 문제를 해결하기 위해서 만든 것이 바로 정형거래조건이다. 정형거래조건이란 미리 정해놓은 거래조건이라는 뜻으로 고급레스토랑에서 만들어 놓은 세트메뉴라고 이해하면 된다.

즉 레스토랑에서 메뉴판에 애피타이저, 수프, 샐러드, 메인디시, 디저트를 구분해 놓고 손님들로 하여금 각각의 메뉴를 고르라고 하면 메뉴를 정하기가 어려우므로 별도의 세트메뉴를 정해놓은 것처럼 무역거래에서 가격을 정할 때 어떤 비용까지를 가격에 포함시킬지 미리 정해놓은 것이 정형거래조건으로, 무역거래에서 사용하는 일종의 세트메뉴라고 이해하면 된다.

　정형거래조건은 영국에서 처음 만들었는데 나라마다 해석이 달라서 무역거래에서 사용하는 데 여러 가지 혼선이 빚어졌다. 무역거래라는 것이 서로 다른 국가 간의 거래인데 나라마다 정형거래조건을 해석하는 기준이 다르면 더 큰 문제가 발생할 수 있기에 국제적으로 정형거래조건에 관한 해석을 통일할 필요가 있어서 만든 것이 바로 인코텀즈다. 인코텀즈는 국제상업회의소(International Chamber of Commerce)에서 만든 정형거래조건의 해석에 관한 규칙으로 현재 국제무역거래에서 광범위하게 사용되고 있다.

　인코텀즈가 만들어짐으로써 전 세계 무역업자들은 좀 더 쉽게 무역을 할 수 있게 되었다. 계약할 때마다 일일이 거래조건을 정하지 않고 ICC에서 제정한 정형거래조건 중 하나를 선택하면 되기 때문이다. 마치 레스토랑에서 일일이 메뉴를 정하지 않고 세트메뉴를 시키면 편하듯이 미리 정해놓은 정형거래조건 중 하나를 선택해서 사용함으로써 계약할 때마다 운송비, 보험료, 통관비 등과 같은 거래조건 중 어디까지를 가격에 포함시킬지 일일이 정해야 하는 불편에서 해방될 수 있게 된 것이다.

　인코텀즈에서는 다양한 거래조건을 규정해 놓았지만 현장에서는 FOB와 CIF 조건을 주로 사용한다. 그 이유는 전 세계적으로 무역 일을 하는 사람들이 인코텀즈를 완벽하게 공부하고 무역현장에 나서는 것이 아니기 때문이다. 무역 일을 시작하기 전에 간단히 FOB와 CIF 조건이 어떤 조건인지만 이해하고 무역 일을 시작하는 경우가 대부분이다.

FOB라는 조건은 Free On Board의 약어로 선적항에서 물건을 실을 때까지의 비용을 가격에 포함시키는 조건으로 FOB라는 조건명 뒤에 선적항을 명시한다. 즉 FOB BUSAN이라고 표시하면 부산항에서 물건을 선적할 때까지의 비용을 가격에 포함시킨다는 뜻이 된다. 한편 CIF는 도착항에 도착할 때까지의 비용을 가격에 포함시키는 조건으로 조건명 뒤에 도착항을 명시한다. 예를 들어 CIF NEW YORK이라고 표시하면 뉴욕항에 도착할 때까지의 비용(운임 및 보험료 등)을 가격에 포함시킨다는 뜻이 된다.

무역서식에 가격을 표시할 때는 반드시 거래조건을 함께 표시해야 한다. 거래조건이 명시되어야만 해당 가격에 어떤 비용까지 포함되고 어느 지점에서 물건이 인도되는지가 명확해지기 때문이다. 무역 일을 시작하기 전에 인코텀즈에서 정한 모든 정형거래조건을 완벽하게 이해할 필요는 없다. 무역 일을 아무리 오래 해도 모든 거래조건을 사용하는 경우는 없기 때문이다. 따라서 일단 일반적인 무역거래에서 주로 사용하는 FOB와 CIF 조건 정도만 정확히 이해하고 무역 일을 시작한 후 다른 조건을 사용하게 될 경우 그때 가서 해당 조건이 어떤 조건인지 확인해도 늦지 않는다.

참고로 인코텀즈에서 규정한 11가지 정형조건은 다음과 같다.

EXW(공장인도조건) Ex Works의 약어로 공장이나 창고와 같은 지정된 장소에서 수출통관을 하지 않은 물품을 인도하는 조건

FOB(본선인도조건) Free On Board의 약어로 지정된 선적항에서 수입자가 지정한 선박에 물품을 적재하여 인도하는 조건

FAS(선측인도조건) Free Alongside Ship의 약어로 지정된 선적항에서 수입자가 지정한 선박의 선측에서 물품을 인도하는 조건

FCA(운송인인도조건) Free Carrier의 약어로 수출국 내의 지정된 장소에서 수입자가 지정하는 운송인에게 수출통관이 완료된 물품을 인도하는 조건

CFR(운임포함인도조건) Cost and Freight의 약어로 선적항에서 물품을 적재하여 인도하고 지정된 목적항까지의 운임을 수출자가 부담하는 조건

CIF(운임보험료포함인도조건) Cost, Insurance and Freight의 약

어로 선적항에서 물품을 적재하여 인도하고 지정된 목적항까지의 운임과 보험료를 수출자가 부담하는 조건

CPT(운송비지급인도조건) Carriage Paid To의 약어로 수출자가 선택한 운송인에게 물품을 인도하고 지정된 목적지까지의 운송비를 수출자가 부담하는 조건

CIP(운송비보험료지급인도조건) Carriage and Insurance Paid To의 약어로 수출자가 선택한 운송인에게 물품을 인도하고 지정된 목적지까지의 운송비와 보험료를 수출자가 부담하는 조건

DAP(도착지인도조건) Delivered At Place의 약어로 지정된 목적지에 도착한 운송수단에서 물품을 내리지 않은 상태로 인도하는 조건

DPU(도착지양하인도조건) Delivered at Place Unloaded의 약어로 지정된 목적지에 도착한 운송수단에서 물품을 내려서 인도하는 조건

DDP(관세지급인도조건) Delivered Duty Paid의 약어로 수입통관된 물품을 지정된 목적지에 도착한 운송수단에서 내리지 않은

상태로 인도하는 조건

    인코텀즈에서 규정한 11가지 조건에 대한 좀 더 상세한 내용은 부록 '인코텀즈의 실무적 이해'에서 확인할 수 있다.

결제는 어떻게 하나

무역거래를 하기 위해서는 앞서 언급한 품명, 수량, 가격 외에 포장을 어떻게 하고 물건을 언제 어디에서 선적할지를 합의해야 한다. 포장은 품목에 따라 포장방법을 정하면 되고 선적시기나 방법 등은 실제 상황에 따라 바이어와 셀러가 협의해서 정하면 되기 때문에 미리 공부할 내용이 없다. 바이어와 셀러가 합의해야 하는 계약조건 중 마지막으로 남는 것이 바로 결제조건이다.

무역실무 책에 보면 다양한 결제방식에 관한 설명이 나오지만 일반적인 무역거래는 대부분 송금방식이나 신용장방식 중 한 가지 방식으로 이루어진다. 그중에서도 일반적인 무역거래에서 가장 많이 사용되는 방식이 송금방식이다.

송금방식은 계약서에 T/T라는 약어로 표시되는데 이는 telegraphic transfer의 약어로 셀러의 은행계좌로 물품대금을 송금하는 방식이다. 송금방식으로 물품대금을 주고받는 방식은 국내에서 판매자의 은행계좌로 돈을 보내고 받는 방식과 차이가 없다.

이와 같이 송금방식으로 물품대금을 주고받는 것은 따로 공부할 내용이 없을 정도로 쉽고 간편하지만 문제는 물품대금을 언제 보내느냐 하는 것이다. 셀러 측에서는 물품대금을 먼저 보내라고 하고 바이어 측에서는 물품을 받고 물품대금을 보내겠다고 주장할 가능성이 커서 서로 상대방을 믿을 수 없거나 거래금액이 큰 경우 송금시점에 합의하기가 쉽지 않다. 이와 같이 송금방식을 사용하기가 힘든 경우 대안으로 사용하는 것이 바로 신용장이다.

결제방식을 정할 때 물품과 물품대금을 동시에 주고받기 전에는 셀러와 바이어 중 한쪽에서 양보해야 하는데 신용장방식에서는 셀러가 양보해서 아직 물품대금이 지급되기 전에 물품부터 먼저 선적한다. 이때 셀러는 바이어에게 물품을 먼저 선적할 테니 바이어 대신 바이어가 거래하는 은행에서 대금지급을 약속해 달라는 조건을 내걸게 되는데 이때 사용하는 것이 바로 신용장이다.

즉 신용장(L/C)은 Letter of Credit의 약어로 바이어를 대신해 바이어가 거래하는 은행에서 수출자에게 돈을 주겠다고 약속하는 증서라고 정의할 수 있다. 수출자는 은행에서 발행한 신용장을 믿고 먼저 물건을 실은 다음 운송회사로부터 운송서류를 발급받아 은행에 제출하고 수출대금을 지급받고, 수입자는 은행에 물품대금을 지급하고 운송서류를 전달받아서 운송회사에 제출하고 물건을 인수하면 된다.

무역실무 책에는 신용장과 관련한 수많은 용어와 특수신용장 등에 대한 설명이 등장하지만 그중 대부분은 일반적인 무역거래 에는 해당되지 않거나 은행 간의 업무처리에 관련된 내용이다. 따라서 처음부터 신용장과 관련된 모든 내용을 이해하느라 애쓸 필요 없이 기본적인 용어와 업무흐름만 이해하고 실제로 업무를 수행하는 과정에서 모르는 부분은 거래은행에 확인해서 처리하 면 된다.

신용장방식의 거래에서 신용장개설을 의뢰하는 수입자를 개 설의뢰인(applicant), 수입자의 요청에 따라 신용장을 개설해 주 는 은행을 개설은행(issuing bank), 개설은행에서 발행된 신용장을 수출자에게 전달해 주는 은행을 통지은행(advising bank), 신용장 에 의거 물건을 선적하고 물품대금을 지급받는 수출자를 수혜자 (beneficiary), 수출자로부터 선적서류를 매입해서 개설은행에 보내 주는 은행을 매입은행(negotiation bank)이라고 한다.

신용장방식의 거래는 ① 수입자가 개설은행에 신용장 개설요 청, ② 개설은행에서 신용장을 발행해서 통지은행으로 송부, ③ 통지은행에서 수출자에게 신용장 전달, ④ 수출자가 물건을 선적 하고 매입은행에 선적서류를 제출해 대금 수령, ⑤ 매입은행에서 선적서류를 개설은행으로 발송하고 대금 수령, ⑥ 개설은행에서 수입자로부터 대금을 받고 선적서류 인도, ⑦ 수입자가 운송회사에 운송서류 제시하고 물품 인수 등과 같은 순서로 업무가 진행된다.

신용장에는 금액(amount), 물품의 명세(description), 최종선적기일(latest date of shipment), 유효기일(expiry date), 제출해야 할 서류(documents required) 등이 명시되며, 신용장에 명시된 물품을 최종선적기일 내에 선적하고 신용장에서 요구하는 서류를 유효기일 내에 제출하면 은행에서 책임지고 신용장금액을 지급한다고 이해하면 된다.

신용장방식의 거래에서 개설은행은 수입자와 상관없이 대금지급을 약속한다. 수입자가 부도가 나더라도 개설은행에서 책임지고 대금을 지급하겠다고 약속하는 것이 신용장이다. 그래야만 수출자가 안심하고 물건을 선적할 수 있다. 다만 수출자가 신용장 대금을 수령하기 위해서는 앞서 언급한 대로 신용장에 명시된 물품을 최종 선적기일 내에 선적하고 유효기일 내에서 신용장에 명시된 서류를 제출해야 한다는 조건을 충족해야 한다.

은행에 제출하는 서류에는 상업송장(commercial invoice), 포장명세서(packing list), 선하증권(bill of lading), 항공화물운송장(air Waybill), 보험증권(insurance policy), 원산지증명서(certificate of origin) 등이 있으며 이들 서류에 대해서는 다음에 따로 설명한다.

신용장방식의 거래에서 은행은 수출자가 물건을 싣는 것을 직접 확인하고 대금을 지급하는 것이 아니라 서류만 확인하고 대금을 지급하기 때문에 수입자 입장에서 서류에 명시된 것과 다른 물건을 받거나, 수출자 입장에서 물건은 제대로 실었더라도 서류상 하자로 대금지급을 거부당할 수 있으므로 조심해야 한다.

일반적으로 처음 거래를 시작할 때는 사전송금방식이나 신용장방식을 사용하다가 어느 정도 신뢰가 쌓이고 나면 수입자 요구에 따라 사후송금방식으로 바뀌게 된다. 사후송금방식의 경우 수출자로서는 수출대금을 떼일 가능성이 상존하므로 수출보험에 가입하는 등 리스크관리에 만전을 기해야 한다.

무역계약은 어떻게 하나

가격과 결제방식을 비롯한 모든 계약조건에 합의하면 합의된 계약조건을 명시한 계약서를 발행한다. 계약서를 누가 발행하느냐에 대해서는 정해진 원칙이 없다. 일반적인 무역거래에서는 수출자가 proforma invoice라는 타이틀로 계약서를 발행하거나 수입자가 purchase order라는 타이틀로 발행하며, 경우에 따라서는 두 가지 계약서를 교환하기도 한다.

계약서 양식도 정해진 것이 없으며 회사마다 사용하는 계약서 양식이 다르다. 일반적인 계약서에는 description, quantity, unit price, amount, trade terms, packing, shipping port, destination, shipment date, payment method 등을 명시한다.

거래 규모가 크거나 장기계약인 경우에는 앞서 언급한 약식계약서 외에 좀 더 구체적인 계약조건을 명시해서 sales agreement, contract, general terms and conditions라는 이름으로 발행한다. Sales agreement의 구체적인 계약조항에 대해서도 정해진 원칙이 없으며, 품목이나 거래형태 등에 따라 다양한 조건을 명시한다.

무역운송은 어떻게 하나

무역거래에서 운송이 차지하는 비중은 결코 무시할 수 없다. 국내거래는 이동거리가 짧기 때문에 판매가격에서 운송비가 차지하는 비중이 크지 않지만 서로 다른 국가 간에 장거리운송을 해야 하는 무역거래에서는 수출가격에서 운송비가 차지하는 비중이 커질 수밖에 없다.

국가 간의 운송은 주로 선박을 이용하거나 항공기를 이용해서 이루어지는데 고가품이거나 시급을 요하는 경우를 제외하고는 대부분 해상운송을 이용하게 된다. 해상운송의 경우 일부 원자재나 대형장비 등을 제외한 대부분의 일반 상품은 컨테이너에 적재되어 운송되는데 한 건의 오더만으로 컨테이너를 채우는 경우를 FCL(Full Container Load)이라고 하고 독자적으로 컨테이너를 채울 수 있는 경우는 LCL(Less than a Container Load)이라고 한다. 컨테이너는 다시 용량에 따라 40ft와 20ft 컨테이너로 구분된다.

한편 출고지에서 선적항까지 운반하는 것은 로컬운송 혹은 내륙운송이라고 하며 FCL 화물의 경우에는 출고지에서 컨테이너에 직접 적재하여 운송하고 LCL 화물의 경우에는 트럭 등을 이용해서 선적항까지 운송된 후 컨테이너에 적재된다.

운임은 해상운송의 경우에는 부피, 항공운송인 경우에는 무게를 기준으로 책정되나 부피에 비해 무게가 지나치게 많이 나가거나 무게에 비해 부피가 지나치게 클 경우에는 많이 나가는 것을 기준으로 삼기도 한다. 위험물질 등과 같은 특수화물의 경우에는 별도의 할증료가 부과되기도 한다. 해상운송의 경우에는 FCL 화물이 LCL 화물보다 상대적으로 유리한 운임이 적용되고 같은 FCL의 경우에도 40ft 컨테이너 운임이 20ft 컨테이너 운임보다 부피당 비용이 상대적으로 저렴하다.

운임산정을 위한 부피의 단위는 CBM(Cubic Meter)이 사용되며 1CBM은 가로, 세로, 높이가 각각 1미터씩인 경우를 말한다.

보험은 어떻게 하나

무역업체가 들어야 하는 보험으로는 운송 중 일어나는 사고를 담보해 주는 적하보험과 수출입거래에 따르는 위험을 담보해 주는 무역보험이 있다.

적하보험은 운송 중 발생하는 위험으로 인해 수출입 화물의 멸실, 파손 등으로 입은 손해를 담보하는 보험이다. 예를 들면 화물을 수송하는 도중에 선박의 침몰, 화재 등의 원인으로 화물을 멸실한다든지 손상을 입은 경우 그 손실을 보상하는 것이다.

적하보험조건은 구약관과 신약관으로 나뉘며, 담보위험의 범위에 따라 구약관에는 ICC(F.P.A), ICC(W.A), ICC(A/R), 신약관에는 ICC(C), ICC(B), ICC(A)의 조건이 규정되어 있으나 실무에서는 이 중 보상범위가 가장 큰 ICC(A/R) 또는 ICC(A) 조건이 주로 사용된다.

적하보험을 누가 들어야 할지는 거래조건에 따라 달라지는데 EXW, FOB, FAS, FCA, CFR, CPT 조건에서는 수입자가 보험에 가입해야 하고 CIF, CIP, DAP, DPU, DDP 조건에서는 수출자가 보험에 가입해야 한다.

보험증권에는 보험가액(Insured Amount), 보험조건(Insured Condition), 부보통화(Currency Insured), 보험금지급지(Settlement Place) 등을 기재한다.

무역보험은 수출입거래에 수반되는 여러 가지 위험 가운데에서 적하보험으로는 구제하기 곤란한 위험으로부터 무역업자를 보호하고자 정부 차원에서 운영하는 비영리 정책보험으로 한국무역보험공사(www.ksure.or.kr)에서 취급한다.

한국무역보험공사에서 취급하는 다양한 무역보험 중 수출계약을 체결한 후 수출이 불가능하게 되거나 수출대금을 받을 수 없는 경우의 손실을 보상해 주는 장단기수출보험과 환율변동에 따르는 손실을 보상해 주는 환변동보험이 대표적이다.

한국무역보험공사에서는 수입자가 선급금을 지급하고 회수하지 못했을 때 손실을 보상해 주는 수입보험도 운영하나 철, 동, 아연, 석탄, 원유 등의 자원이나 시설재, 첨단제품, 외화획득용 원료 등을 수입할 때만 제한적으로 운영해서 일반상품의 경우에는 수입보험의 혜택을 받을 수 없다.

통관은 어떻게 하나

무역거래는 국내거래와 달리 서로 다른 경제체제를 가진 국가로 상품이 이동하는 것이기 때문에 각각 물건의 수출국에서 물건을 내보내기 전에 거쳐야 하는 수출통관과 물건을 수입하는 나라에서 실시하는 수입통관의 두 가지 절차를 거쳐야 한다. 두 가지 모두 관세사가 업무를 대행해 준다.

통관은 각 아이템의 HSK Code에 입각해 이루어진다. HS란 Harmonized Commodity Description and Coding System의 약어로 신국제통일상품 분류방식이라고 부르며 무역통계 및 관세부과의 기준을 삼기 위해 관세협력이사회가 제정한 국제적인 통일상품분류체계를 뜻한다. HS Code는 국제적으로 동일한 6단위의 숫자와 나라별로 추가로 부여한 숫자를 합하여 사용하며 우리나라에서는 4단위의 숫자를 추가하여 총 10자리 숫자로 이루어진 HSK Code를 사용한다. 아이템별 HSK Code는 관세청사이트(www.customs.go.kr)에서 확인할 수 있다.

수출입통관을 하기 위해 수출신고서 또는 수입신고서를 세관에 제출하면 세관에서 HSK Code별로 품목별 수출입요령을 확인한 후 이상이 없을 시 수출신고필증 또는 수입신고필증을 교부해 준다.

통관과 관련한 내용 중 관세환급이란 것이 있다. 관세환급이란 수출용 원자재를 수입할 때 납부한 관세를 수출품 제조에 사용한 경우 되돌려주는 것을 의미하며 환급절차에 따라 정액환급과 개별환급의 두 가지 종류가 있다.

정액환급이란 중소기업을 대상으로 정액환급률표에 포함되어 있는 품목에 대해 건별로 관세 등의 실제 납부액을 확인하지 않고 일정액을 환급해 주는 것을 일컬으며, 개별환급이란 수출품을 제조하는 데 사용된 원자재를 수입할 때 납부한 관세를 원자재별로 산출하여 환급해 주는 것을 뜻한다.

관세환급액 산정이나 절차 등은 사안에 따라 상당히 복잡한 측면이 있으나 관세사가 관련 업무를 대행해 주므로 필요한 서류만 준비하면 된다.

이론보다 실전이 중요하다

어떤 분야든 공부를 하면 할수록 더욱 불안해지게 마련이다. 이제까지 몰랐던 새로운 용어나 설명이 끊임없이 등장하기 때문이다. 무역의 경우에도 예외가 아니어서 공부를 하면 할수록 점점 더 어려워지기만 할 뿐 좀처럼 자신감이 생기지 않는다. 무역실무 책에서 다루는 내용이 너무나 방대해서 끝까지 읽어볼 엄두를 내지 못하고 도중에 포기하는 경우도 많다.

하지만 실제로 무역현장에서 조금만 일해보면 무역실무에 대한 두려움은 금방 떨쳐버릴 수 있다. 책으로 공부할 때는 잘 이해가 가지 않고 복잡해 보이는 것도 실제로 해보면 별거 아니라는 것을 깨닫게 되기 때문이다.

게다가 무역거래라는 것이 워낙 다양한 형태로 이루어지기 때문에 각자의 아이템이나 거래형태에 따라 필요한 용어나 절차는 달라지게 마련이다. 아무리 다양한 형태의 무역거래를 한다고 해도 무역실무 책에 소개된 용어나 절차를 모두 접할 가능성은 거의 없다.

따라서 무역 일을 시작하기 전 무역의 모든 것을 이해해야 한다는 강박관념을 버리고 앞서 설명한 바와 같은 무역의 전체 흐름만 이해하고 실전을 통해 자신에게 필요한 부분들을 보충해 나가는 것이 바람직하다. 무역은 이론이 아니라 실전이기 때문이다.

4장

무역서식의 모든 것

무역서식의 개요

무역서식은 크게 계약서류와 선적서류로 나눌 수 있다. 계약서류는 수출자와 수입자가 합의한 계약조건을 명시한 서류로 계약서를 누가 발행하느냐에 대해서는 정해진 원칙이 없다.

일반적인 무역거래에서는 수출자가 proforma invoice라는 타이틀로 계약서를 발행하거나 수입자가 purchase order라는 타이틀로 발행하며, 경우에 따라서는 두 가지 계약서를 교환하기도 한다. 계약서 양식도 정해진 것이 없으며 회사마다 사용하는 계약서 양식이 다르다.

거래 규모가 크거나 장기계약인 경우에는 앞서 언급한 약식계약서 외에 좀 더 구체적인 계약조건을 명시해서 sales agreement, contract, general terms and conditions라는 이름으로 발행한다. Sales agreement의 구체적인 계약조항에 대해서도 정해진 원칙이 없으며, 품목이나 거래형태 등에 따라 다양한 조건을 명시한다.

선적서류는 수출자가 물건을 선적하고 은행에 제출하거나 수입자에게 보내주어야 하는 서류를 뜻한다. 일반적인 무역거래에서 준비해야 하는 선적서류에는 상업송장(commercial invoice), 포장명세서(packing list), 선하증권(bill of lading), 항공화물운송장(air Waybill), 보험증권(insurance policy), 원산지증명서(certificate of origin) 등이 있다.

수출할 물건이 준비되면 수출자는 우선 상업송장과 포장명세서를 작성해야 한다. 이들 서식은 정해진 양식이 없이 회사에 따라 별도 양식을 사용한다.

상업송장은 물품명세서와 대금청구서 역할을 하는 서류로서 품명(description), 수량(quantity), 단가(unit price), 총액(amount), 거래조건(trade terms) 등을 명시한다.

세관에서 수출입을 심사하고 관세를 부과할 때 직접 물건을 확인하는 것이 아니라 서류심사를 하기 때문에 물품명세서에 해당하는 상업송장이 있어야만 통관이 가능하므로 수출입거래에서 반드시 필요한 필수서류다. 또한 대금청구서 역할을 하기 때문에 은행이나 수입자에게 대금 결제를 요청할 때도 필요하다.

포장명세서는 말 그대로 상품의 포장상태를 나타내는 서식으로 포장박스별 포장 내역, 물건만의 무게를 표시한 순중량(net weight), 물건과 포장재 무게를 합친 총중량(gross weight), 부피

(measurement) 등을 표시한다.

수출자는 위와 같이 작성한 상업송장과 포장명세서를 관세사에게 주면서 통관을 의뢰하고 관세사는 이들 서류와 함께 수출신고서를 작성해서 세관에 제출한다. 세관에서는 해당 물건이 외국으로 나가는 데 문제가 없는지 심사한 후 이상 없을 시 수출신고필증이라는 서류를 발급해 준다.

수출신고필증이 발급되면 포워더를 통해 선박이나 항공기에 물건을 선적한 후 선박회사로부터 선하증권(bill of lading)을 발급받거나 항공화물운송대리점으로부터 항공화물운송장(air Waybill)을 발급받는다.

선하증권(B/L, bill of lading)은 선박회사나 포워더가 발행하는 유가증권으로 선박에 적재된 화물의 명세 및 포장, 수하인 등을 명시한 서류다. 수출자는 물건을 선박에 선적한 후 선박회사로부터 선하증권을 발급받아서 은행을 통해서나 직접 수입자에게 보내준다. 물건이 도착항에 도착하면 수입자는 선박회사에 선하증권을 제출하고 물건을 인수한다.

선하증권은 유가증권으로서 물건을 찾기 위해서는 반드시 원본이 있어야 한다. 항공기에 물건을 실을 때는 선하증권 대신에 항공화물운송대리점으로부터 항공화물운송장(AWB, air Waybill)을 발급받는다.

앞서 소개한 서류들은 무역거래 시 반드시 필요하다. 즉 수출자는 상업송장과 포장명세서를 작성하고 물건을 선박에 선적했을 때는 선하증권, 항공기에 선적했을 때는 항공화물운송장을 발급받는다. 이들 서류와 별도로 보험증권과 원산지증명서와 같이 선택적으로 필요한 서류들이 있다.

보험증권은 보험회사가 발행하는 보험가입 확인서로 보험금액과 보험 조건 등이 명시된다. CIF나 CIP 조건으로 거래할 때 수출자가 보험에 가입하고 보험증권을 발급받아 수입자에게 보내주어야 한다.

원산지증명서는 물건의 원산지를 확인해 주는 서류로 일반 용도로 사용하는 일반 원산지증명서와 FTA 체결국 간에 관세 혜택을 부여하기 위해 사용하는 FTA 원산지증명서로 나뉜다. FTA 원산지증명서의 경우 FTA 체결 국가마다 요구하는 양식이나 발행처가 다르므로 별도로 확인해서 사용해야 한다. 국가별로 요구하는 FTA 원산지증명서 양식은 관세청에서 운영하는 FTA 포털사이트 자료실에 들어가면 확인할 수 있다.

무역 일을 시작하기 전 무역서식에 대한 걱정은 하지 않아도 된다. 수출자가 작성하는 서류라고는 계약서 및 상업송장과 포장명세서밖에 없으며 이들 서식도 회사마다 사용하는 양식이 조금씩 다르기 때문에 미리 서식 작성법을 연습할 필요도 없다. 실무에서 실제로 한 번만 작성해 보면 누구나 쉽게 작성할 수 있기 때문이다.

나머지 서류들은 수출자가 작성하는 것이 아니라 운송업체나 보험회사 등에서 작성하는 서류이기 때문에 작성법을 고민할 필요가 없다.

수입자는 대금결제를 신용장 방식으로 할 경우 작성하는 신용장 개설 신청서 외에는 따로 작성하거나 준비할 서류가 없다.

신용장 서식 및 기재 내역

40A	Form of Documentary Credit	: IRREVOCABLE
20	Documentary Credit Number	: L12345678
31C	Date of Issue	: 21/05/20
40E	Applicable Rules	: UCP LATEST VERSION
31D	Date and Place of Expiry	: 21/06/30 SEOUL
50	Applicant	: HAPPY CORPORATION.
		111, HAPPY ROAD, NEW YORK, USA
59	Beneficiary	: SMILE CORPORATION
		123, SAMSUNG-DONG, KANGNAM-KU,
		SEOUL, KOREA.
32B	Currency Code, Amount	: USD21,840.00
41D	Available with......By......	: ANY BANK
		BY NEGOTIATION
42C	Drafts at	: SIGHT
42A	Drawee	: NEW YORK BANK
		2007, WALL STREET,
		NEW YORK, USA

43P Partial Shipment : ALLOWED

43T Transshipment : NOT ALLOWED

44A Port of Loading/Airport of Departure : BUSAN, KOREA

44B Port of Discharge/Airport of Destination : NEW YORK, USA

44C Latest Date of Shipment : 21/06/20

45A Description of Goods and/or Services

    1,700 PCS OF SPORTS ACCESSORIES

    DETAILS ARE AS PER THE PROFORMA INVOICE

    NO SPI-0505 ISSUED BY BENEFICIARY

46A Documents Required

    + SIGNED COMMERCIAL INVOICE IN QUINTUPLICATE

    + PACKING LIST IN TRIPLICATE

    + FULL SET OF CLEAN ON BOARD OCEAN BILL OF LADING MADE OUT TO THE ORDER OF

    NEW YORK BANK MARKED FREIGHT PREPAID AND NOTIFY APPLICANT

    + MARINE INSURANCE POLICY OR CERTIFICATE IN DUPLICATE, ENDORSED IN BLANK FOR 110% OF THE INVOICE VALUE. INSURANCE MUST INCLUDE

    : INSTITUTE CARGO CLAUSES : I.C.C(A)

    + CERTIFICATE OF ORIGIN

47A Additional Conditions

    ALL DOCUMENTS MUST BEAR OUR CREDIT NUMBER.

71B Charges : ALL BANKING COMMISSIONS AND CHARGES OUTSIDE USA ARE FOR ACCOUNT OF BENEFICIARY

49 Confirmation Instructions : WITHOUT

48 Period for Presentation : DOCUMENTS MUST BE PRESENTED WITHIN 14 DAYS AFTER THE DATE OF SHIPMENT BUT WITHIN THE VALIDITY OF CREDIT

78 Instructions to the Paying/Accepting/Negotiating Bank

    DOCUMENTS TO BE FORWARDED TO US IN ONE LOT BY COURIER

① 40A form of documentary credit: IRREVOCABLE

화환신용장의 형식: 취소불능임

② 20 documentary credit number: L12345678

화환신용장번호: L12345678

③ 31C date of issue: 21/05/20

신용장 개설일자: 2021년 5월 20일

④ Applicable Rules: UCP LATEST VERSION

적용규정: UCP 최신판

UCP란 Uniform Customs and Practice for Documentary Credit의 약어로 신용
장통일규칙이라고 부르며 ICC에서 제정한 신용장 해석에 관한 국제규칙이다. 신
용장에서 요구하는 서류를 작성하는 수출자에게 서류작성에 따르는 지침을 제시
하고 서류를 심사하는 은행에 서류의 적격 여부를 판단하는 지침을 제시하는 지
침서라고 할 수 있다. 신용장통일규칙 전문을 마스터할 필요는 없으나 신용장 업
무를 수행해 나가는 과정에서 애매한 부분이 있으면 신용장통일규칙에서 확인해
보는 것이 좋다.

⑤ 31D date and place of expiry: 21/06/30 SEOUL

신용장의 유효기일 및 장소: 2021년 6월 30일, 서울

⑥ 50 applicant: HAPPY CORPORATION

개설신청인: HAPPY CORPORATION

⑦ 59 beneficiary: SMILE CORPORATION

수익자: SMILE CORPORATION

⑧ 32B currency code and amount: USD21,840.00

신용장 금액 및 통화단위

⑨ 41D available with by name, address: ANY BANK BY NEGOTIATION

대금지급방식: 아무 은행에서나 매입할 수 있음

⑩ 42C drafts at: SIGHT

환어음의 결제기일: 일람불

환어음(draft, bill of exchange)이란 채권자가 채무자에게 어음에 기재된 금액을 일정한 기일에 어음상의 권리자(지명인 또는 소지인)에게 지급할 것을 위탁하는 증권을 뜻한다.

화환어음(documentary bill of exchange)이란 환어음에 화물이 실렸다는 증거인 운송서류(B/L 또는 AWB)를 첨부하여 제출하는 어음을 뜻하며, 화환신용장(documentary credit)이란 화환어음을 요구하는 신용장을 뜻한다.

환어음은 결제방식이 신용장방식이거나 추심방식일 경우에 발행되며, 송금방식으로 대금을 결제할 경우에는 통상 환어음을 발행하지 않는다.

일반적인 무역거래에서 주로 사용되는 매입신용장의 경우 채권자인 수출자가 채무자인 개설은행 앞으로 발행하며 환어음에 기재된 신용장금액을 매입은행에 지급하라는 내용으로 작성한다.

⑪ 42A drawee: NEW YORK BANK

환어음의 지급인: 뉴욕은행

⑫ 43P partial shipment: ALLOWED

분할선적: 허용함

분할선적이란 계약된 물건을 한번에 싣는 것이 아니라 두 차례 이상 나누어 싣는 것을 뜻한다.

⑬ 43T: transshipment: NOT ALLOWED

환적: 허용하지 않음

환적이란 중간 기착지에서 다른 선박에 옮겨 싣는 것을 뜻한다.

⑭ 44A on board/dispatch/taking charge: BUSAN, KOREA

선적지: 부산

⑮ 44B for transportation to: NEW YORK, USA

도착지: 뉴욕

⑯ 44C latest date of shipment: 21/06/20

최종 선적기일: 2021년 6월 20일

⑰ 45A description of goods and/or services: 1,700 PCS OF SPORTS ACCESSORIES. DETAILS ARE AS PER THE PROFORMA INVOICE NO SPI-0505 ISSUED BY BENEFICIARY

상품 및 서비스의 명세: 스포츠 액세서리 1,700개. 자세한 내역은 수익자가 발행한 견적송장 SPI-0505에 따름

⑱ 46A documents required:

+ SIGNED COMMERCIAL INVOICE IN QUINTUPLICATE

+ PACKING LIST IN TRIPLICATE

+ FULL SET OF CLEAN ON BOARD OCEAN BILL OF
  LADING MADE OUT TO THE ORDER OF NEW YORK
  BANK MARKED FREIGHT PREPAID AND NOTIFY
  APPLICANT

+ MARINE INSURANCE POLICY OR CERTIFICATE IN
  DUPLICATE, ENDORSED IN BLANK FOR 110% OF
  THE INVOICE VALUE. INSURANCE MUST INCLUDE :
  INSTITUTE CARGO CLAUSES : I.C.C.(A)

+ CERTIFICATE OF ORIGIN

요구서류

+ 서명된 상업송장 5부

+ 포장명세서 3부

+ 운임선지급이라고 표시되고, 개설신청인을 통지인으로 하
  며, 뉴욕은행의 지시식으로 작성된 무고장 본선적재 해양
  선하증권 전통

+ 상업송장 금액의 110%가 부보된 백지이서방식의 보험증
  권 또는 보험증명서 2통. 보험은 협회적하약관 ICC(A)를
  포함해야 함

+ 원산지증명서

⑲ 47A additional conditions: ALL DOCUMENTS MUST
BEAR OUR CREDIT NUMBER

추가조건: 모든 선적서류에는 신용장번호가 표시되어야 함

⑳ 71B charges: ALL BAKING COMMISSIONS AND CHARGES OUTSIDE USA ARE FOR ACCOUNT OF BENEFICIARY

수수료: 미국 밖에서 발생하는 모든 수수료는 수익자가 부담함

㉑ 49 confirmation instruction: WITHOUT

확인지시: 확인하지 않음

㉒ 48 period for presentation: DOCUMENTS MUST BE PRESENTED WITHIN 14 DAYS AFTER THE DATE OF SHIPMENT BUT WITHIN THE VALIDITY OF THE CREDIT

서류 제출시한: 선적서류는 신용장의 유효기일 내에서 선적일로부터 14일 이내에 제출해야 함

㉓ 78 instructions to the pay/acc/nego bk: DOCUMENTS TO BE FORWARDED TO US IN ONE LOT BY COURIER

지급/인수/매입은행에 대한 지시: 선적서류는 하나의 봉투에 넣어서 국제특송편으로 개설은행에 보내야 함

Proforma Invoice
서식 및 작성요령

Proforma Invoice 작성요령

① 수출자 상호, 주소, 전화번호, 이메일주소 등을 기재한다.

② 수입자의 상호와 주소를 기재한다.

③ Invoice 번호를 기재한다.

④ Invoice 발행일을 기재한다.

⑤ 물품의 명세(Description)를 기재한다.

⑥ 물품의 수량(Quantity)을 기재한다.

⑦ 물품의 단가(Unit price)를 기재한다.

⑧ 물품의 총액(Amount)을 기재한다.

⑨ 거래조건을 FOB Busan, CIF New York 등과 같이 기재한다.

⑩ 포장방식이나 내역 등을 표시하며 특별한 사항이 없을 때는

SMILE CORPORATION

① *Manufacturers, Expoters & Importers*

123, SAMSUNG-DONG, KANGNAM-KU, SEOUL, KOREA

TEL : (02) 555-1122 FAX : (02) 555-1133

PROFORMA INVOICE

② Messrs. HAPPY CORPORATION

③ Invoice No. SPI-0505

④ Date. May 5, 2021

⑤ Description	⑥ Quantity	⑦ Unit Price	⑧ Amount
		⑨ CIF NEW YORK	
SPORTS ACCESSORIES			
K-001	1,000 PCS	US$10.50	US$10,500.00
K-002	500 PCS	US$15.40	US$7,700.00
K-003	200 PCS	US$18.20	US$3,640.00
TOTAL :	1,700 PCS		US$21,840.00
********************	***************	***************	***************

⑩ Packing : EXPORT STANDARD PACKING

⑪ Shipping Port : BUSAN, KOREA

⑫ Destination : NEW YORK

⑬ Shipment : WITHIN ONE MONTH AFTER RECEIPT OF YOUR L/C

⑭ Payment : BY AN IRREVOCABLE L/C AT SIGHT TO BE OPENED IN OUR FAVOR

Very truly yours,

SMILE CORPORATION

Export standard라고 기재한다.

⑪ 선적항을 기재한다.

⑫ 도착지를 기재한다.

⑬ 선적기한을 Within one month after receipt of L/C 등과 같이 기재한다.

⑭ 결제방식을 일람불취소불능신용장에 의한 거래일 때는 'By an irrevocable L/C at sight in favor of 수출자명'으로 기재하고 송금방식의 거래일 때는 'By T/T to 수출자의 거래은행명, 계좌번호(Account No), 계좌명(Account Name)'의 순으로 기재한다.

Commercial Invoice
서식 및 작성요령

Commercial Invoice 작성요령

① **Seller/Exporter:** 수출자의 상호 및 주소를 기재한다.

② **Buyer/Applicant:** 수입자의 상호 및 주소를 기재한다. 회사에 따라서는 Buyer/Applicant 대신에 Consignee라고 표시된 서식을 쓰는 경우도 있다. 이런 경우라면 결제방식이 송금방식이나 추심방식일 때는 수입자의 상호 및 주소를 기재하고, 신용장방식일 때는 신용장의 documents required항에 명시된 대로 'to order', 'to order of shipper', 'to order of 개설은행' 등과 같이 기재한다.

③ **Notify party:** 물품이 수입국에 도착했을 때 선박회사로부터 연락을 받을 통지처를 일컬으며 주로 수입자의 상호 및 주

COMMERCIAL INVOICE

① Seller/Exporter	⑧ No. and date of invoice
SMILE CORPORATION 123, SAMSUNG-DONG, KANGNAM-KU, SEOUL, KOREA	SCI-0609 JUNE 9, 2021
	⑨ No. and date of L/C L12345678 MAY 20, 2021

② Buyer/Applicant	⑩ L/C issuing bank
HAPPY CORPORATION 111, HAPPY ROAD NEW YORK, USA	NEW YORK BANK 2007, WALL STREET, NEW YORK, USA

③ Notify party	⑪ Remarks :
SAME AS ABOVE	COUNTRY OF ORIGIN REPUBLIC OF KOREA

④ Port of Loading	⑤ Final Destination
BUSAN, KOREA	NEW YORK, USA

⑥ Carrier	⑦ Sailing on or about
OCEAN GLORY	June 10, 2021

⑫ Marks and numbers of pkgs	⑬ Description of goods	⑭ Quantity/Unit	⑮ Unit price	⑯ Amount
HAPPY CORP NEW YORK C/NO. 1-34 ITEM NO :	SPORTS ACCESSORIES K-001 K-002 K-003	1,000 PCS 500 PCS 200 PCS	CIF NEW YORK US$10.50 US$15.40 US$18.20	US$10,500.00 US$7,700.00 US$3,640.00
	TOTAL	1,700 PCS		US$21,840.00

Signed by

소를 기재한다.

④ **Port of Loading:** 선적항을 기재한다.

⑤ **Final Destination:** 최종목적지를 기재한다.

⑥ **Carrier:** 선박명을 기재한다.

⑦ **Sailing on or about:** 예상출항일을 기재한다.

⑧ **No. and date of invoice:** Invoice No.와 Date를 기재한다. Invoice No.는 임의로 기재하고 Date는 Invoice를 발행하는 날짜를 기재한다.

⑨ **No. and date of L/C:** L/C 번호 및 개설일자를 기재한다.

⑩ **L/C issuing bank:** L/C 개설은행명을 기재한다.

⑪ **Remarks:** 비고란으로 원산지 등을 기재한다.

⑫ **Marks and number of pkgs:** Shipping Mark를 표시한다.

⑬ **Description of goods:** 물품명세를 기재한다.

⑭ **Quantity/Unit:** 물품의 수량 및 단위를 기재한다.

⑮ **Unit price:** 물품의 단가를 기재한다.

⑯ **Amount:** 물품의 수량에 단가를 곱한 총금액을 기재한다.

Unit Price와 Amount난에는 가격과 함께 FOB Busan, CIF New York 등과 같은 거래조건을 반드시 표시해야 한다.

Packing List 서식 및 작성요령

Packing List 작성요령

① **Seller/Exporter:** 수출자의 상호 및 주소를 기재한다.

② **Buyer/Applicant:** 수입자의 상호 및 주소를 기재한다. 회사에 따라서는 Buyer/Applicant 대신에 Consignee라고 표시된 서식을 쓰는 경우도 있다. 이런 경우라면 결제방식이 송금방식이나 추심방식일 때는 수입자의 상호 및 주소를 기재하고, 신용장방식일 때는 신용장의 documents required항에 명시된 대로 'to order', 'to order of shipper', 'to order of 개설은행' 등과 같이 기재한다.

③ **Notify party:** 물품이 수입국에 도착했을 때 선박회사로부터 연락을 받을 통지처를 일컬으며 주로 수입자의 상호 및 주

PACKING LIST

① Seller/Exporter	⑧ No. and date of invoice
SMILE CORPORATION 123, SAMSUNG—DONG, KANGNAM—KU, SEOUL, KOREA	SCI—0609 JUNE 9, 2021

⑨ Remarks :
COUNTRY OF ORIGIN
REPUBLIC OF KOREA

② Buyer/Applicant
HAPPY CORPORATION
111, HAPPY ROAD
NEW YORK, USA

③ Notify party
SAME AS ABOVE

④ Port of Loading	⑤ Final Destination
BUSAN, KOREA	NEW YORK, USA

⑥ Carrier	⑦ Sailing on or about
OCEAN GLORY	June 10, 2021

⑩ Marks and numbers of pkgs	⑪ Description of goods	⑫ Quantity	⑬ Net Weight	⑭ Gross Weight	⑮ Measurement
HAPPY CORP NEW YORK C/NO. 1—34 ITEM NO :	SPORTS ACCESSORIES C/NO 1—20 K—001 C/NO 21—30 K—002 C/NO 31—34 K—003	1,700 PCS	2,945 KGS	3,208 KGS	24.532CBM

Signed by

212

소를 기재한다.

④ **Port of Loading:** 선적항을 기재한다.

⑤ **Final Destination:** 최종목적지를 기재한다.

⑥ **Carrier:** 선박명을 기재한다.

⑦ **Sailing on or about:** 예상출항일을 기재한다.

⑧ **No. and date of invoice:** Invoice No.와 Date를 기재한다. Invoice No.는 임의로 기재하고 Date는 Invoice를 발행하는 날짜를 기재한다.

⑨ **Remarks:** 비고란으로 원산지 등을 기재한다.

⑩ **Marks and number of pkgs:** 수출포장박스에 표시한 Shipping Mark를 표기한다.

⑪ **Description of goods:** 물품명세 및 포장박스별 물품내역을 기재한다.

⑫ **Quantity:** 수량을 기재한다.

⑬ **Net Weight:** 물품만의 순중량을 기재한다.

⑭ **Gross Weight:** 물품의 순중량에 포장재의 중량을 합한 총중량을 기재한다.

⑮ **Measurement:** 물품의 부피를 기재한다.

Bill of Lading 서식 및 기재사항

선하증권 기재사항

① **Shipper/Exporter(송하인):** Shipper의 상호와 주소를 기재한다.

② **Consignee(수하인):** 물건을 받을 수취인을 뜻하며, 결제방식이 송금방식일 때는 수입자의 상호 및 주소를 기재하고, 신용장방식일 때는 신용장의 Documents Required항에 명시된 대로 'to order of 개설은행' 등과 같이 기재한다.

③ **Notify party(통지인):** 물품이 수입국에 도착했을 때 선박회사로부터 연락을 받을 통지처를 일컬으며 주로 수입자의 상호 및 주소를 기재한다.

④ **Ocean Vessel:** 선박명을 기재한다.

Bill of Lading

① Shipper/Exporter	⑪ B/L No. ; HONEST12345678
SMILE CORPORATION 123, SAMSUNG-DONG, KANGNAM-KU SEOUL, KOREA	

② Consignee	
TO THE ORDER OF NEW YORK BANK	

③ Notify party	
HAPPY CORPORATION 111, HAPPY ROAD NEW YORK, USA	

Pre-Carriage by	⑥ Place of Receipt
	Busan CY

④ Ocean Vessel	⑦ Voyage No.	⑫ Flag
OCEAN GLORY	123E	KOREA

⑤ Port of Loading	⑧ Port of Discharge	⑨ Place of Delivery	⑩ Final Destination(For the Merchant Ref.)
BUSAN, KOREA	NEW YORK, USA	New York CY	

⑬ Container No.	⑭ Seal No. Marks & No	⑮ No. & Kinds of Containers or Packages	⑯ Description of Goods	⑰ Gross Weight	⑱ Measurement
TEXU0101	N/M	1 CNTR	SPORTS ACCESSORIES 1,700PCS	3,208 KGS	24.532 CBM
Total No. of Containers or Packages(in words) SAY : ONE(1) CONTAINER ONLY			"FREIGHT PREPAID"		

⑲ Freight and Charges	⑳ Revenue tons	㉑ Rate	㉒ Per	㉓ Prepaid	㉔ Collect
AS ARRANGED					

㉕ Freight prepaid at	㉖ Freight payable at	㉘ Place and Date of Issue
BUSAN, KOREA		JUNE 12, 2021, SEOUL
Total prepaid in	㉗ No. of original B/L THREE(3)	Signature

㉙ Laden on board vessel	㉚ HONEST Shipping Co. Ltd.
Date Signature JUNE 12, 2021	as agent for a carrier, RICH Liner Ltd.

⑤ **Port of Loading:** 선적항 및 국명을 기재한다.

⑥ **Place of Receipt:** 운송인이 송하인으로부터 화물을 수취하는 장소로서 'Busan CY'와 같이 기재한다.

⑦ **Voyage No.:** 항차번호를 기재한다.

⑧ **Port of Discharge:** 양륙항 및 국명을 기재한다.

⑨ **Place of Delivery:** 운송인이 수하인에게 화물을 인도하는 장소를 기재한다.

⑩ **Final Destination:** 복합운송의 경우 최종목적지를 기재한다.

⑪ **B/L No.:** 선하증권번호를 기재한다.

⑫ **Flag:** 선박의 등록국적을 기재한다.

⑬ **Container No.:** Container No.를 기재한다.

⑭ **Seal No. :** 컨테이너에 봉인한 Seal No.를 기재한다.

⑮ **No. & Kinds of Containers or Packages:** 컨테이너 개수나 포장 개수를 기재한다.

⑯ **Description of Goods:** 상품명 및 수량을 기재한다.

⑰ **Gross Weight:** 총중량을 기재한다.

⑱ **Measurement:** 부피를 기재한다.

⑲ **Freight and Charges:** 운임 및 비용을 기재한다.

⑳ **Revenue tons:** 중량과 용적 중에서 운임이 높게 계산되는 것을 택하여 기재한다.

㉑ **Rate:** Revenue ton당 운임단가 및 부대비용 등을 기재한다.

㉒ **Per:** 중량단위 또는 용적단위를 기재하고 Full Container는 Van 단위로 기재한다.

㉓ **Prepaid,** ㉔ **Collect:** 거래조건에 따라 해당 난에 운임을 기재한다. 예를 들어 CIF 조건일 경우에는 Prepaid난에 운임을 기재하고 FOB 조건일 경우에는 Collect난에 기재한다.

㉕ **Freight prepaid at:** CIF와 같이 운임선불조건인 경우의 운임이 지불되는 장소를 기재한다.

㉖ **Freight payable at:** FOB와 같이 운임이 수하인 부담인 경우에 운임이 지불되는 장소를 기재한다.

㉗ **No. of original B/L:** Original B/L의 발행 통수를 기재한다.

㉘ **Place and Date of Issue:** 선하증권 발행장소와 발행일자를 기재한다.

㉙ **On Board Date:** 선적일자를 기재한다.

㉚ **Carrier Name:** B/L 발행권자의 서명을 표시한다.

Air Waybill

　Air Waybill(항공화물운송장)은 항공으로 화물을 운송할 경우 항공사 또는 항공화물대리점에서 발행하는 항공화물수령증이다. 선하증권은 유가증권으로써 유통이 가능한 반면에 항공화물운송장은 화물의 수령을 증명하는 영수증에 불과하며 유통이 불가능하다.

　항공화물운송장은 기명식으로만 발행되며, 항공화물운송장에 명시된 consignee에게 화물이 인도되는 순간 효력이 소멸된다. 항공화물운송장은 3장의 원본이 발행되며, 제1원본(녹색)은 운송인용, 제2원본(적색)은 수하인용, 제3원본(청색)은 송화인용이다.

Shipper's Name and Address		Shipper's Account Number	Not negotiable	
SMILE CORPORATION 123, SAMSUNG-DONG, KANGNAM-KU SEOUL, KOREA			**Air Waybill** issued by Copies 1, 2 and 3 of this Air Waybil are originals and have the same validity.	**KOREAN AIR**

Consignee's Name and Address	Consignee's Account Number
NEW YORK BANK NEW YORK NOTIFY APPLICANT HAPPY CORPORATION 111, HAPPY ROAD NEW YORK, USA	It is agreed that the goods described herein are accepted in apparent good order and condition (except as noted) for carriage SUBJECT TO THE CONDITIONS OF CONTRACT ON THE REVERSE HEREOF. THE SHIPPER'S ATTENTION IS DRAWN TO THE NOTICE CONCERNING CARRIER'S LIMITATION OF LIABILITY. Shipper may increase such limitation of liability by declaring a higher value for carriage and paying a supplemental charge if required.

Telephone :

Issuing Carrier's Agent Name and City		Accounting Information
HONEST CARGO LTD		RATE CHARGE EX RATE USD 1.00 = KRW 1,000 AIR FREIGHT PREPAID 0901EA020
Agent's IATA Code	Account No.	
57193220011	57193220011	

Airport of Departure(Addr. of First Carrier) and Requested Routing

INCHEON AIRPORT

TO	By First Carrier	Routing and Destination	to	by	to	by	Currency	CHGS Code	WT/VAL		Other		Declared Value for Carriage	Declared Value for Customs
NY	KOREAN AIR						USD		PPD PP	COLL	PPD PP	COLL	N.V.D.	N.C.V.

Airport of Destination	Flight/Date	For Carrier Use Only	Flight/Date	Amount of Insurance	INSURANCE-If Carrier offers Insurance, and such insurance is requested in accordance with conditions on reverse hereof, indicate amount to be insured in figures in box marked 'amount of Insurance'.
NEW YORK AIRPORT				NIHILL	

Handing Information

No. of Pieces RCP	Gross Weight	kg lb	Rate Class Commodity item No.	Chargeable Weight	Rate Charge	Total	Nature and Quantity of Goods (incl. Dimensions or Volume)
1	18,000	K		18.0	12.48	224.64	1,700 PCS OF SPORTS ACCESSORIES COUNTRY OF ORIGIN : R.O.K. CIF NEW YORK AIRPORT FREIGHT PREPAID L/C NUMBER : L12345678
1	18,000	K				224.64	

Prepaid	Weight Carge	Collect	Other Charges
224.64			FSC USD 9.00EAA USD 20.00
	Vaiuation Charge		AWAUSD 20.00 MZA USD 20.00 CHAUSD 40.00 SOA USD 10.00
	Tax		
Total Other Charges Due Agent			Shipper certifies that the particulars on the face hereof are correct and that insofar as any part of the consignment contalns dangerous goods, such part is properly described by name and is in proper condition for carriage by air according to the applicable Dangerous Goods Regulations.
110.00			
Total Other Charges Due Carrier			HOPE CARGO LTD AS AGENT FOR CARRIER KOREAN AIR
9.00			

Signature of Shipper or his Agent

Total Prepaid	Total Collect			
343.64		12/06/2021	SEOUL	JOHN KIM
Currency Conversion Rates	CC Charges In Dest. Currenc7y	Executed on(date)	at(place)	Signature of Issuing Carrier or its Agent
For Carrier's Use Only at Destination	Charges at Destination	Total Collect Charges		

123 4567 8910

Insurance Policy

Insurance Policy(보험증권)는 보험계약의 성립을 증명하기 위해서 보험회사에서 발행하는 증권이다. 인코텀즈 규정에 따라 CIF나 CIP 조건에서는 보험은 수출자가 가입하고 사고가 발생했을 때 보상은 수입자가 받아야 한다. 따라서 CIF나 CIP 조건으로 계약한 경우 수출자는 보험에 가입한 후 보험증권을 은행을 통하거나 직접 수입자에게 보내주어야 한다. DAP, DPU, DDP 조건의 경우에는 수출자가 보험에 가입하고 사고가 발생했을 때 보상도 수출자가 받아야 하므로, 수출자가 보험증권을 수입자에게 보내줄 필요가 없다.

Honest Insurance Co., Ltd.
CERTIFICATE OF MARINE CARGO INSURANCE

Assured(s), etc ② SMILE CORPORATION	

Certificate No. ① 00259A87523	Ref. No.③ Invoice No. SCI-0609 L/C No. L12345678

Claim, if any, payable at : ⑥
    HONEST MARINE SERVICE
    222 Honest Road New York
    Tel (202) 309-59412
Claims are payable in
	Amount insured ④
	    USD 24,024.00
	    (USD21,840.00 X 110%)

Survey should be approved by ⑦ THE SAME AS ABOVE		Conditions ⑤ * INSTITUTE CARGO CLAUSE(A) 1982

⑧ Local Vessel or
    Conveyance
	⑨ From(interior port or
	    place of loading)
		* CLAIMS ARE PAYABLE IN AMERICA IN
		    THE CURRENCY OF THE DRAFT.

Ship or Vessel called the ⑩ OCEAN GLORY	Sailing on or about ⑪ JUNE 10, 2021	
at and from ⑫ BUSAN, KOREA	⑬ transshipped at	
arrived at ⑭ NEW YORK, USA	⑮ thence to	

Goods and Merchandise ⑯ 1,700 PCS OF SPORTS ACCESSORIES	Subject to the following Clauses as per back hereof institute Cargo Clauses Institute War Clauses(Cargo) Institute War Cancellation Clauses(Cargo) Institute Strikes Riots and Civil Commotions Clauses Institute Air Cargo Clauses(All Risks) Institute Classification Clauses Special Replacement Clause(applying to machinery) Institute Radioactive Contamination Exclusion Clauses Co-Insurance Clause Marks and Numbers as

Place and Date signed JUNE 9, 2021 No. of Certificates issued. ⑰ TWO

⑱ This Certificate represents and takes the place of the Policy and conveys all rights of the original policyholder (for the purpose of collecting any loss or claim) as fully as if the property was covered by a Open Policy direct to the holder of this Certificate.

This Company agrees losses, if any, shall be payable to the order of Assured on surrender of this Certificate. Settlement under one copy shall render all others null and void.

Contrary to the wording of this form, this insurance is governed by the standard from of English Marine Insurance Policy.

In the event of loss or damage arising under this insurance, no claims will be admitted unless a survey has been held with the approval of this Company's office or Agents specified in this Certificate.

SEE IMPORTANT INSTRUCTIONS ON REVERSE

⑲ Honest Insurance Co., Ltd.

AUTHORIZED SIGNATORY

This Certificate is not valid unless the Declaration be signed by an authorized representative of the Assured.

Certificate of Origin

Certificate of Origin(원산지증명서)은 물품을 생산한 나라 또는 물품의 국적을 의미하는 원산지를 증명하는 문서이다. 우리나라와 FTA가 체결된 국가와의 수출입거래에서는 협정에서 규정한 원산지증명서를 구비해야 특혜세율을 적용받을 수 있다.

1. Exporter(Name, address, country)	ORIGINAL
SMILE CORPORATION 123, SAMSUNG-DONG, KANGNAM-KU SEOUL, KOREA	**CERTIFICATE OF ORIGIN** issued by THE KOREA CHAMBER OF COMMERCE & INDUSTRY Seoul, Republic of Korea

2. Consignee(Name, address, country)	
TO THE ORDER OF NEW YORK BANK	3. Country of Origin REPUBLIC OF KOREA

4. Transport details	5. Remarks
FROM : BUSAN, KOREA TO : NEW YORK, USA BY : SAILING ON OR ABUT JUNE 10, 2021	SCI-0609 JUNE 9, 2021

6. Marks & numbers ; number and kind of packages ; description of goods	7. Quantity
	1,700 PCS
HAPPY CORP SPORTS ACCESSORIES NEW YORK K-001 C/NO. 1-34 K-002 ITEM NO : K-003	

8. Declaration by the Exporter	9. Certification
(Signature) (Name)	_____ Authorized Signatory Certificate No

THE KOREA CHAMBER OF COMMERCE & INDUSTRY

5장

무역영어의 이해

영어 때문에 고민하는 사람들에게

무역직이나 해외영업직을 지망하는 취업준비생 중 영어 때문에 고민하는 사람들이 적지 않다. 업무 특성상 영어를 쓸 일이 많을 것 같은데 영어 실력이 딸려서 큰일이라는 생각을 하는 사람들이 많다. 하지만 너무 걱정할 필요는 없다.

우선 무역직이나 해외영업직으로 일하면서 영어를 사용할 일이 생각처럼 많지 않다. 심하면 영어를 쓸 일이 거의 없는 경우도 있다. 그야말로 취업하는 회사나 부서, 담당업무에 따라서 영어의 사용 빈도는 천차만별이다.

해외법인이나 지사를 운영하는 대기업에서 무역이나 해외영업을 담당하는 직원들 중 상당수는 영어보다 한국어를 쓸 일이 훨씬 더 많다. 해외거래처를 직접 상대할 일이 없기 때문이다. 무역부서나 해외영업부서에서 일하지만 영어를 사용할 기회가 거의 없는 아이러니컬한 상황이 벌어질 수도 있다.

해외거래처를 직접 상대하는 경우에도 크게 걱정할 필요는 없다. 무역현장에서 사용하는 영어가 생각처럼 어렵지 않기 때문이다. 무역현장에서 사용하는 무역용어와 약어만 정확히 이해한다면 따로 무역영어를 공부하지 않아도 무역현장에서 일하는 데 크게 문제가 될 것이 없다. 무역영어라는 특수한 형태의 영어가 따로 존재하는 것이 아니라 일상생활에서 사용하는 영어에다 무역용어만 추가하면 무역영어가 되기 때문이다.

개중에는 영어로 쓰는 건 어느 정도 하겠는데 외국 사람 앞에만 서면 말문이 막혀서 큰일이라는 사람이 있다. 이런 사람들도 너무 걱정할 필요가 없다. 무역 일을 하면서 외국인과 대면상담을 할 기회가 생각보다 많지 않다. 전시회에 참가하거나 무역기관에서 주선하는 상담회에 참석하는 것 같은 특별한 경우를 제외하고는 대부분의 무역상담은 이메일을 통해서 이루어진다. 따라서 영어회화 실력이 형편없더라도 이메일을 작성할 정도의 실력만 있다면 무역업무를 처리하는 데 크게 문제될 것이 없다.

영어작문 실력이 딸려서 이메일을 제대로 작성하지 못하면 어떻게 하나 하는 생각도 기우에 불과하다. 신속하고 정확한 의사전달이 생명인 무역상담의 특성상 이메일을 작성할 때도 복잡하고 어려운 표현을 사용하기보다는 간결하면서도 쉬운 표현이 환영을 받기 때문이다.

간혹 어려운 표현이 가득한 영문계약서를 보고 좌절할 수도 있는데 이것도 기우에 불과하다. 일반적인 무역거래에서는 그렇게 복잡한 계약서를 작성하지도 않을뿐더러 계약 규모가 커서 정식 계약서를 작성해야 하는 경우라면 회사별로 이미 작성해 놓은 계약서 양식에 숫자만 바꿔서 사용하면 되기 때문이다.

결론적으로 영어에 자신이 없어서 무역직이나 해외영업직에 도전하는 걸 포기하겠다는 생각은 버리는 것이 좋다. 실제로 무역현장에서 일해보면 영어에 대한 고민이 정말 쓸데없었다는 것을 깨닫게 될 것이다.

무역현장에서 영어전공자가
환영받지 못하는 이유

무역 일을 하려면 영어 실력이 뛰어나야만 한다고 생각하는 사람이 많다. 무역에 관심은 있는데 영어가 자신 없어서 엄두가 나질 않는다는 사람도 있다. 그야말로 오해다. 무역현장에서 일하는 사람 중 영어 실력이 별 볼 일 없는 사람들이 의외로 많다. 이유는 간단하다. 무역현장에서 일할 때 고차원적인 영어를 필요로 하는 경우가 드물기 때문이다.

우리가 시장에 가서 물건을 살 때 물건을 파는 상인과 고차원적인 대화를 나눌 일이 있는가. 고작 나누는 대화의 내용이란 것이 '이거 얼마예요?' '좀 깎아주세요.' '다른 모델 없어요?' '두 개만 주세요.' 대충 이런 정도에 머무를 때가 많다. 무역거래도 대상이 외국에 있을 뿐이지 기본적으로는 물건을 사고파는 행위에 불과하다. 해외거래처와 물건을 사고판다고 해서 특별히 고차원적인 대화를 나눌 필요는 없다.

물론 무역 일을 하면서 고급영어가 필요한 경우도 있다. 상담과정에서 협의해야 할 내용이 많거나 거래과정에서 복잡한 문제가 발생할 때다. 하지만 이런 경우는 일부분에 불과하고 대부분의 무역거래에서는 고급영어를 쓸 기회가 없거나 오히려 고급영어에 집착하다가 낭패를 보는 경우도 있다.

사업 초기에 영어를 전공한 여직원을 채용한 적이 있다. 해외거래처와 원활한 커뮤니케이션에 도움이 될 거라고 기대했는데 결과는 정반대였다. 영어통신문을 작성하는 데 문제가 있었다. 본인은 학교에서 배운 대로 어려운 단어를 사용해서 장문의 통신문을 작성했지만 읽는 사람 입장에서 보면 편치가 않았다. 하루에도 수많은 영어통신문을 주고받는 무역담당자 입장에서 어려운 단어로 작성된 장문의 메시지를 확인하는 건 고역이 아닐 수 없다.

무역통신문의 생명은 의사소통에 있다. 자기 의사를 정확하게 전달할 수만 있다면 문법이 틀리거나 명문이 아니어도 상관없다. 읽는 사람 입장에서 완벽하지만 장황한 문장보다는 다소 서툴더라도 간결한 문장을 선호하게 마련이다. 통신수단의 발달로 직접 만나서 상담을 하기보다는 이메일 등을 통한 접촉이 주를 이루는 것도 무역현장에서 굳이 원어민급 영어 실력이 필요 없는 이유이기도 하다.

외국인과의 의사소통이 필수인 무역 일을 할 때 영어의 중요성은 간과할 수 없지만 영어를 못한다는 이유만으로 무역직이나 해외영업직으로 취업하는 걸 포기할 필요는 없다. 해외거래처와 최소한의 의사소통을 할 수 있을 정도의 영어 실력만 있다면 누구나 무역 일을 할 수 있다.

무역영어를 잘하려면

무역현장에서 필요한 영어를 회화, 작문, 문법, 독해로 나누어 살펴보자.

회화

무역현장에서 영어회화가 필요한 경우는 근무할 회사나 부서 또는 담당업무 등에 따라 천차만별이다. 해외거래처를 직접 대면하거나 전화 통화를 해서 상담을 진행하는 경우는 극히 일부이며 대부분의 무역상담은 이메일로 이루어진다.

만약 해외거래처를 직접 대면해서 상담하거나 전화 통화를 자주 하는 회사나 부서에 근무한다면 상당한 수준의 회화 실력이 있어야 한다. 물론 무역거래의 특성상 회화 실력이 딸리더라도 무역용어에 정통하고 무역실무에 대한 지식이 동반된다면 브로큰 잉글리시를 동원해서 무역거래를 할 수는 있다.

하지만 회화 실력에 자신이 없다면 상담과정에서 자신의 의견을 개진하는 데 소극적이 될 가능성이 높아서 자신에게 유리한 계약을 이끌어내는 데 실패할 수 있다. 단지 상담과정에서만 문제가 있는 것이 아니다. 무역거래 도중 문제가 발생했을 때 이를 해결하기 위해서는 좀 더 수준 높은 회화 실력이 요구된다. 따라서 해외거래처와의 대면접촉이나 전화 통화가 잦은 경우에는 회화 실력을 기르는 데 전력을 기울여야 한다.

무역현장에서 필요한 회화라고 해서 일반적인 영어회화와 다를 바가 없다. 다만 무역업무와 관련된 무역용어와 수출입절차에 대한 이해가 뒷받침되어야만 해외거래처와의 정확한 의사소통이 가능하다.

따라서 해외거래처와 직접 대면상담이나 전화 통화가 잦은 회사나 부서에 근무해야 한다면 일반적인 영어회화 실력을 기르면서 무역용어와 수출입절차에 대한 정확한 지식을 쌓도록 노력해야 한다.

작문

해외거래처와의 연락은 대부분 이메일로 이루어진다. 따라서 영어로 이메일을 작성할 수 있을 정도의 작문 실력이 있어야만 무역업무를 수행할 수 있다. 영어로 이메일을 작성할 때는 일반영어를 작문할 때와는 다른 접근법이 필요하다.

　일반영어에서는 어려운 단어를 쓰고 장문의 글을 쓰는 사람이 실력자로 우대받지만 무역현장에서는 쓸데없이 어렵고 길게 쓰는 것은 환영받지 못한다. 무역업무의 특성상 빠르고 정확한 의사소통이 필요하기 때문이다.

　따라서 무역현장에서 일할 때는 쉽고 간결하게 쓰는 습관을 들이는 것이 좋다. 일상생활에서 잘 쓰지도 않는 어려운 단어를 사용하고 관계대명사를 사용해서 긴 문장을 만드는 것은 결코 바람직한 방법이 아니다. 가급적 단문으로 문장을 작성하고 무역용어를 제외하고는 중학생도 이해할 수 있을 정도의 쉬운 단어를 사용해 이메일을 작성하는 훈련을 하는 것이 좋다.

문법

　적어도 무역영어에서만큼은 문법이 중요하지 않다. 상대방과 의사를 소통하는 데 문제가 없다면 문법에 맞지 않는 영어를 구사한다고 해서 크게 문제될 것이 없다. 이왕이면 문법에 맞는 영어를 구사하는 것이 좋지만 문법에 맞추느라 신속한 의사소통에 지장이 생기는 것은 피해야 한다.

그렇다고 문법을 완전히 무시해서는 안 된다. 의사소통에 지장이 생길 정도로 문법이 엉망인 영어 실력으로는 무역현장에서 일할 수 없다. 힘들게 의사소통은 할 수 있어도 지속적으로 문법을 무시한 영어를 구사하는 것은 상대방을 피곤하게 할 수 있다.

따라서 시제나 인칭같이 의사소통에 지장을 초래할 만한 중요한 문법에는 각별히 신경 쓰되 지나치게 문법에 집착하지 말고 정확하고 신속한 의사소통이 될 수 있도록 신경 써야 한다.

독해

무역현장에서 일할 때 독해가 문제되는 경우는 거의 없다. 일단 해외거래처와 이메일을 주고받을 때 해석하기 힘들 정도의 어려운 문장이 등장하는 경우가 거의 없다. 무역서식의 경우에도 무역용어를 제외하고는 중학생 정도의 독해 실력만 있어도 서식을 작성하거나 해석하는 데 아무 문제가 없다.

다만 원자재나 플랜트와 같이 규모가 큰 무역거래 시 작성하는 정식계약서의 경우 난해한 법률적 표현이 포함될 수 있는데 이런 법률적 표현까지 일일이 이해하지 않아도 크게 문제될 것은 없지만 굳이 해석이 필요하다면 인터넷 검색으로 확인할 수 있으므로 너무 걱정하지 않아도 된다.

결론적으로 무역현장에서 일할 때 대면상담이나 전화 통화가 잦은 경우가 아니라면 중학생 수준의 문법이나 단어 실력에다 무역현장에서 사용하는 무역용어와 수출입절차를 이해하고 해외거래처와 의사소통이 가능할 정도로 이메일을 작성할 줄 알면 된다.

현장에서 사용하는 무역영어

실무에서 사용하는 영어의 수준이 어느 정도인지를 가늠할 수 있도록 가상의 거래와 관련된 통신문 샘플을 살펴보자.

We would like to offer Galaxy Super at US$100/set FOB Busan. Minimum order quantity is 1,000sets.

Please advise us if you can allow some discount if we order 5,000sets.

We can reduce our price to US$95/set for an order of more than 5,000sets.

Can you change trade terms to CIF New York?

We can offer US$98/set CIF New York.

Please check if you can reduce your price to US$96/set CIF New York.

We can reduce our price to US$97/set CIF New York. This is our best price.

We are prepared to place an order of 5,000sets of Galaxy Super at US$97/set CIF New York. Please confirm when you can ship this order.

We can ship it within four weeks.

Please confirm if you can ship it within two weeks.

We can ship it within three weeks.

Please advise us of your payment terms.

We would like you to pay by T/T in advance.

It is difficult for us to pay by T/T in advance. Is it possible for you to accept payment within 30 days from B/L date?

We can accept T/T in advance or L/C.

We finally confirm our order of 5,000 sets of Galaxy Super at US$97/set CIF New York. Shipment should be made within three weeks. We will pay by L/C.

Please issue a proforma invoice for above order.

As soon as we receive your proforma invoice, we will open an L/C.

L/C has been opened as follows :

We are pleased to inform you that your order was shipped on the vessel 'OCEAN GLORY V-007' that will depart from Busan on February 20, 2021 and arrive in New York on March 17, 2021. Attached please find copies of shipping documents. Originals were submitted to our bank.

위의 예문에서 보듯이 무역현장에서 사용하는 영어는 전체적으로 문장의 난도가 높지 않다. 다만 FOB, CIF, T/T, L/C 등과 같이 일반영어에서는 사용하지 않는 무역용어가 등장하기 때문에 이런 용어에 익숙하지 않은 사람은 당황할 수 있는데 실무에서 일하다 보면 금방 익숙해질 수 있으므로 미리 걱정할 필요는 없다.

결론적으로 무역에 입문하기 전에 무역영어에 대해 고민하는 것은 기우에 불과하다. 그래도 걱정된다면 무역영어에 등장하는 기본적인 무역용어를 익히고 예문이 지나치게 많지 않은 무역영어 책을 선택해서 공부함으로써 자신감을 가질 수 있다.

제2외국어가 필요한가

　무역직이나 해외영업직에 도전하는 취업준비생 중 제2외국어를 전공하거나 따로 공부하는 사람들이 많다. 과연 제2외국어가 무역현장에서 일할 때 도움이 될까? 도움이 될 수도 있고 별로 도움이 안 될 수도 있다.

　우선 무역이나 해외영업 현장에서 일하면서 해외거래처와 연락을 주고받을 때 제2외국어를 사용할 기회가 생각보다 많지 않다. 전 세계적으로 영어가 공용어화되다시피 하고 특히 무역이나 해외영업현장에서는 거의 대부분 영어로 연락을 주고받기 때문이다. 영어보급률이 떨어지는 남미나 아프리카 지역과의 거래에서도 서류작성이나 이메일 교신은 주로 영어로 이루어진다.

　이메일이나 서류는 그렇다 치고 직접 대면해서 상담해야 하는 경우라면 현지어를 사용하는 것이 좋지 않느냐고 생각할 수도 있다. 우선 일반적인 무역거래에서 직접 대면해서 상담할 기회가 많지 않을뿐더러 설사 대면상담을 해야 하는 경우라도 가급적 영어를 사용하는 것이 유리하다. 완벽하지 못한 현지어로 상담을 진행하다 보면 상담의 주도권을 뺏기기 십상이기 때문이다.

그렇다고 제2외국어가 전혀 쓸모없는 것은 아니다. 공적인 상담 자리에서는 영어를 사용하더라도 개인적 친분을 나누는 자리에서는 아무래도 현지어를 사용하는 것이 상대방의 호감을 사는 데 도움이 될 수 있다. 또한 영어가 전혀 통하지 않고 통역을 구하기도 힘들어 어쩔 수 없이 현지어로 상담해야 하는 경우도 있다. 이런 상황에 처하면 그동안 갈고닦은 제2외국어 실력이 빛을 발할 수 있다. 그야말로 비장의 무기인 셈이다.

부록

인코텀즈의 실무적 이해
주제별 무역용어

인코텀즈의 실무적 이해

　무역실무의 수많은 내용 중 가장 중요한 것이 바로 인코텀즈다. 인코텀즈에서 규정한 11가지 조건 가운데 어떤 조건으로 계약하느냐에 따라 보험을 누가 들지가 결정되고 수출가격표와 수입원가를 계산하는 기준이 달라진다.

　대금결제업무를 처리하는 주체는 은행이고 운송, 보험, 통관업무는 각각 포워더, 보험회사, 관세사에게 위임하면 되므로 이와 관련된 세부적인 내용을 몰라도 무역업무를 처리하는 데 크게 문제될 것이 없다. 업무를 처리하는 중 막히는 부분이 있으면 은행에 문의하거나 업무를 대행해 주는 업체의 도움을 받아서 풀어나갈 수 있다.

　하지만 보험을 누가 드는지를 판단하고, 수출가격표나 수입원가를 계산하는 업무는 무역담당자가 직접 처리해야 하기 때문에 이런 업무를 처리하는 데 기준이 되는 인코텀즈의 규정을 정확히 이해하지 않고는 무역업무를 제대로 처리할 수 없다.

본문에서 언급한 대로 인코텀즈에서는 모두 11가지 조건에 대해 규정하지만 무역현장에서는 주로 FOB 또는 CIF 조건으로 거래가 이루어진다. 하지만 ICC에서 전 세계적으로 인코텀즈에 관한 교육을 강화함에 따라 차츰 FOB와 CIF 조건 외에 다른 조건으로 거래하는 경우가 늘어나고 있다.

이와 관련하여 11가지 조건별로 인코텀즈에서 규정한 내용 중 실무적으로 중요한 내용을 요약하면 다음과 같다. 실무에서 11가지 조건을 다 쓸 일은 없으므로 여기에 소개한 내용을 미리 완벽하게 마스터할 필요는 없으며, 실제로 무역업무를 처리하는 과정에서 새로운 조건이 등장하면 그때 가서 해당 조건에 관한 내용을 확인하면 된다.

EXW

EXW는 Ex Works의 약어로 여기서 Ex는 ~에서 또는 ~로부터라는 뜻이고 Works는 공장이라는 뜻으로 EXW 조건은 수출자가 공장에서 물건을 인도하는 조건이라고 정의할 수 있다. 인코텀즈에는 EXW 조건이 수출자의 공장뿐만 아니라 창고, 사무실 등 수출자의 모든 영내(premise)에서 물건을 인도하는 조건이라고 규정하고 있다. 따라서 EXW 조건에서는 EXW 다음에 물건이 인도될 수출자의 구체적인 영내를 표시해서 해당 장소에서 물건을 인도해야 한다.

EXW 조건에서 수출자는 수출통관의 의무도 없고, 공장에서 물건을 실을 때 발생하는 비용과 위험도 수입자가 부담해야 한다. 즉 EXW 조건에서는 수출자가 할 일이 아무것도 없으므로 국내 거래처에 물건을 파는 것과 마찬가지다. 따라서 EXW 조건은 수출자가 무역에 대해서 잘 모르거나 안다고 해도 운송, 보험계약을 체결하고 통관을 하는 등의 무역 관련 업무에 개입하고 싶지 않을 때 사용하는 조건이며, 인코텀즈에서 규정한 11가지 조건 중에서 수출자의 의무가 가장 작고 수입자의 의무가 가장 큰 조건이다.

EXW 조건에서 수출자는 아무런 비용과 위험을 부담하지 않으며 공장 등과 같은 수출자의 영내에서 물건을 실을 때부터 발생하는 모든 비용과 위험을 수입자가 부담하는 조건이다. 이를 바탕으로 수출자와 수입자가 해야 할 일을 정리하면 다음과 같다.

수출자가 해야 할 일

공장이나 창고와 같은 수출자의 영내에서 물건 인도

수입자가 해야 할 일

① 공장이나 창고와 같은 수출자의 영내에서 최종목적지까지의 운송계약 체결
② 운송 도중 발생하는 사고위험을 보상해 주는 보험 부보
③ 수출입통관 및 수입통관 시 부과되는 모든 세금(관세, 부가세, 개별소비세 등) 납부

수출가격은 공장도가격을 그대로 제시하면 되고, 수입원가는

수출가격에다 수입자가 해야 할 일에 언급된 비용(공장이나 창고와 같은 수출자의 영내에서 최종목적지까지의 운송비, 운송 도중 사고위험을 보상해 주는 보험료, 수출입통관수수료, 부가세는 환급되므로 제외하고 수입통관 시 부과되는 나머지 모든 세금)을 더해서 계산하면 된다.

FOB

    FOB는 Free On Board의 약어로 여기서 free는 수출자가 자유로워진다는 뜻이고 on board는 선박에 적재된다는 뜻으로 물건이 선박에 적재되면 수출자가 자유로워진다고 해석할 수 있으며, 달리 해석하면 물건이 선박에 적재될 때까지의 비용과 위험을 수출자가 부담하는 조건이라고 정의할 수 있다. FOB 다음에 물건이 선박에 적재될 선적항을 명시해서 수출자는 해당 선적항에서 물건을 적재할 때까지의 비용과 위험을 부담해야 한다.

    인코텀즈에서는 FOB를 FAS, CFR, CIF와 함께 해상운송조건으로 분류해 놓았다. 따라서 항공운송의 경우에는 FOB 대신에 FCA 조건을 사용해야 한다. 즉 인천공항에서 물건을 항공기에 실어서 수출하는 경우라면 FOB INCHEON AIRPORT가 아니라 FCA INCHEON AIRPORT 조건을 사용해야 한다. 아직도 무역현장에서는 FOB INCHEON AIRPORT 조건을 사용하는 경우가 많은데 인코텀즈 규정과 맞지 않으므로 가급적 FCA INCHEON AIRPORT 조건으로 바꾸는 것이 바람직하다.

또한 인코텀즈에서는 컨테이너 운송의 경우 화주별로 컨테이너를 선박에 적재하여 인도하지 않고 컨테이너터미널에 설치된 CY(Container Yard)에서 컨테이너를 인도하므로 FOB 대신에 FCA 조건을 사용하라고 권고하고 있다.

FOB 조건에서 선박에 적재할 때까지의 비용과 위험 및 수출통관비용은 수출자가 부담하고 선박에 적재된 이후 모든 비용과 위험은 수입자가 부담한다. 이를 바탕으로 수출자와 수입자가 해야 할 일을 정리하면 다음과 같다.

수출자가 해야 할 일

① 지정된 선적항에서 선박에 물건을 적재하여 인도

② 수출통관

수입자가 해야 할 일

① 지정된 선적항에서 최종목적지까지의 운송계약 체결

② 운송 도중 발생하는 사고위험을 보상해 주는 보험 부보

③ 수입통관 및 수입통관 시 부과되는 모든 세금(관세, 부가세, 개별소비세 등) 납부

수출가격은 공장도가격에 수출자가 해야 할 일에 언급된 비용(물건이 선박에 적재될 때까지의 비용, 수출통관수수료)을 더해서 계산하면 되고, 수입원가는 수출가격에다 수입자가 해야 할 일에 언급된 비용(지정된 선적항에서 최종목적지까지의 운송비, 운송 도중 발생하는 사고위험을 보상해 주는 보험료, 수입통관수수료, 부가세는 환급되므로 제외하고 수입통관 시 부과되는 나머지 모든 세금)을 더해서 계산하면 된다.

FAS

FAS는 Free Alongside Ship의 약어로 여기서 free는 수출자가 자유로워진다는 뜻이고 alongside ship은 선박의 측면이라는 뜻으로, 물건을 선박의 측면에 갖다 놓으면 수출자가 자유로워지는 조건, 다시 말하면 물건을 선박의 측면에서 인도하는 조건이라고 정의할 수 있다. FAS 다음에 선적항을 표시해서 해당 선적항에서 물건을 선박의 측면에서 인도해야 한다.

컨테이너 화물의 경우에는 통상 컨테이너터미널에 설치된 CY(Container Yard)에서 물건을 인도하기 때문에 FAS 대신에 FCA를 사용하는 것이 바람직하며, FAS 조건은 석탄이나 곡물과 같은 bulk cargo(야적화물) 거래에서 사용되는 조건이다. 다만 bulk cargo 거래 시 수입자는 물건이 선박에 적재될 때까지 수출자가 책임지는 FOB를 선호하기 때문에 실무에서 FAS 조건을 사용하는 경우는 극히 제한적이다.

FAS 조건에서 선박의 측면까지 물건을 갖다 놓는 데 따르는 비용과 위험 및 수출통관비용은 수출자가 부담하고 선박의 측면에서 물건을 인수한 후 발생하는 모든 비용과 위험은 수입자가 부담한다. 이를 바탕으로 수출자와 수입자가 해야 할 일을 정리하면 다음과 같다.

수출자가 해야 할 일 ───────────────────

① 지정된 선적항에서 선박의 측면에서 물건 인도

② 수출통관

수입자가 해야 할 일 ───────────────────

① 선박의 측면에서 인수한 물건을 선박에 적재하고 지정된 선적항에서 최종목적지까지의 운송계약 체결

② 운송 도중 발생하는 사고위험을 보상해 주는 보험 부보

③ 수입통관 및 수입통관 시 부과되는 모든 세금(관세, 부가세, 개별소비세 등) 납부

수출가격은 공장도가격에 수출자가 해야 할 일에 언급된 비용(선박의 측면까지 물건을 갖다 놓는 데 필요한 비용, 수출통관수수료)을 더해서 계산하면 되고, 수입원가는 수출가격에다 수입자가 해야 할 일에

언급된 비용(선적비용 및 지정된 선적항에서 최종목적지까지의 운송비, 운송 도 중 발생하는 사고위험을 보상해 주는 보험료, 수입통관수수료, 부가세는 환급되므로 제외하고 수입통관 시 부과되는 나머지 모든 세금)을 더해서 계산하면 된다.

FCA

FCA는 Free Carrier의 약어로 여기서 free는 수출자가 자유로
워진다는 뜻이고 carrier는 운송인이라는 뜻으로, 수출국 내의 지
정된 장소에서 운송인에게 물건을 인도하면 수출자가 자유로워
지는 조건이라고 해석할 수 있다. FCA 다음에 장소를 표시해서
해당 장소에서 운송인에게 물건을 인도해야 한다. 이때 운송인
은 수입자가 지정한다. 결론적으로 FCA 조건은 FCA 다음에 표
시된 장소에서 수입자가 지정한 운송인에게 물건을 인도하는 조
건이라고 정의할 수 있다.

인코텀즈에는 EXW는 수출자의 영내, FOB와 FAS는 선적항으
로 물건의 인도장소가 명확히 규정되어 있지만 FCA는 물건의 인
도장소를 명확히 규정하고 있지 않다. 따라서 FCA 조건에서는 수
출국 내의 어느 곳에서도 물건을 인도할 수 있으며 EXW, FOB,

FAS 조건을 사용하면 안 되고 반드시 FCA를 사용해야 하는 경우가 두 가지 있다.

첫째, 수출자의 공장이 아닌 내륙의 어느 지점에서 물건을 인도할 때다. 예를 들어 수출자의 공장이 서울인데 의왕 ICD에서 물건을 인도하는 경우라면, 의왕 ICD는 수출자의 영내가 아니므로 EXW 조건을 사용할 수 없고, 항구가 아니므로 FOB나 FAS 조건도 사용할 수 없다. 따라서 이런 경우에는 반드시 FCA 조건을 사용해서 FCA EIWANG ICD라고 표시해야 한다.

둘째, 공항에서 물건을 인도할 때다. 인코텀즈에서는 FOB와 FAS를 CFR, CIF와 더불어 해상운송조건으로 따로 분류해 놓았기 때문에 FOB INCHEON AIRPORT라는 조건은 사용할 수가 없다. 따라서 이런 경우에는 반드시 FCA 조건을 사용해서 FCA INCHEON AIRPORT라고 표시해야 한다. 아직도 무역현장에서는 FOB INCHEON AIRPORT 조건을 사용하는 경우가 많은데 인코텀즈 규정과 맞지 않으므로 가급적 FCA INCHEON AIRPORT 조건으로 바꾸는 것이 바람직하다.

또한 인코텀즈에서는 컨테이너 운송의 경우 화주별로 컨테이너를 선박에 적재하여 인도하지 않고 컨테이너터미널에 설치된 CY(Container Yard)에서 컨테이너를 인도하므로 FOB 대신에 FCA 조건을 사용하라고 권고하고 있다.

FCA 조건에서는 수출국 내의 지정된 장소에서 수입자가 지정한 운송인에게 물건을 인도할 때까지의 비용과 위험 및 수출통관 비용은 수출자가 부담하고 운송인이 물건을 인수한 다음부터 발생하는 모든 비용과 위험은 수입자가 부담한다. 이를 바탕으로 수출자와 수입자가 해야 할 일을 정리하면 다음과 같다.

수출자가 해야 할 일

① 수출국 내의 지정된 장소에서 수입자가 지정하는 운송인에게 물건 인도

② 수출통관

수입자가 해야 할 일

① 물건 인수 장소에서 최종목적지까지의 운송계약 체결

② 운송 도중 발생하는 사고위험을 보상해 주는 보험 부보

③ 수입통관 및 수입통관 시 부과되는 모든 세금(관세, 부가세, 개별소비세 등) 납부

수출가격은 공장도가격에 수출자가 해야 할 일에 언급된 비용(수입자가 지정하는 운송인에게 물건을 인도할 때까지의 운송비, 수출통관수수료)을 더해서 계산하면 되고, 수입원가는 수출가격에다 수입자가 해야 할 일에 언급된 비용(물건 인수 장소에서 최종목적지까지의 운송비, 운송 도중 사고위험을 보상해 주는 보험료, 수입통관수수료, 부가세는 환급되므로 제외하고 수입통관 시 부과되는 나머지 모든 세금)을 더해서 계산하면 된다.

CFR

CFR은 Cost and Freight의 약어로 여기서 cost는 선적항에서 선박에 물건이 적재될 때까지의 비용이고 freight는 해상운임이라는 뜻으로, 수출자가 선적항에서 물건을 선박에 적재하여 인도하고 물건이 지정된 도착항에 도착할 때까지의 해상운임을 부담하는 조건이다. CFR 다음에 도착항을 표시해서 해당 도착항까지의 해상운임을 수출자가 부담해야 한다.

CFR을 비롯한 C그룹에서는 비용의 분담지점과 위험의 이전시점이 다르다. 즉 비용 면에서는 물건이 지정된 항구나 장소에 도착할 때까지의 비용을 수출자가 부담하지만, 위험은 선적항에서 물건을 적재하거나(CFR, CIF) 수출국 내에서 운송인에게 물건을 인도하는 시점(CPT, CIP)에 수입자에게 이전된다.

C그룹에서는 수출국에서 위험이 수입자에게 이전되므로 물건

이 수입자에게 도착하기 전에 사고가 나더라도 수입자는 수출자에게 물품대금을 지급해야 한다. 따라서 수입자는 운송 도중 사고위험을 보상해 주는 보험에 가입하여야 한다. 다만 CIF와 CIP 조건에서는 위험은 수출국에서 수입자에게 이전되지만 보험은 수출자가 수입자 대신 가입하도록 규정하고 있다. 따라서 CIF와 CIP 조건에서는 보험은 수출자가 가입하지만 사고가 났을 때 보상은 수입자가 받는다.

결론적으로 CFR 조건에서 선적항에서 선박에 물건이 적재될 때까지의 비용과 지정된 도착항까지의 해상운임 및 수출통관비용은 수출자가 부담하고 운송 도중 사고위험을 보상해 주는 보험료, 수입통관에 따르는 비용 및 책임, 수입통관 시 부과되는 모든 세금의 납부의무, 지정된 도착항에서 최종목적지까지의 운송비 등은 수입자가 부담한다. 이를 바탕으로 수출자와 수입자가 해야 할 일을 정리하면 다음과 같다.

수출자가 해야 할 일

① 선적항에서 선박에 물건을 적재하여 인도

② 지정된 도착항까지의 운송계약 체결

③ 수출통관

수입자가 해야 할 일 ───────────────────────────

① 운송 도중 사고위험을 보상해 주는 보험 부보

② 수입통관 및 수입통관 시 부과되는 모든 세금(관세, 부가세, 개별소비세
   등) 납부

③ 지정된 도착항에서 최종목적지까지의 운송계약 체결

수출가격은 공장도가격에 수출자가 해야 할 일에 언급된 비용
(선적항에서 선박에 물건이 적재될 때까지의 비용, 지정된 도착항까지의 해상운임,
수출통관수수료)을 더해서 계산하면 되고, 수입원가는 수출가격에다
수입자가 해야 할 일에 언급된 비용(운송 도중 사고위험을 보상해 주는 보
험료, 수입통관수수료, 부가세는 환급되므로 제외하고 수입통관 시 부과되는 나머지
모든 세금, 지정된 도착항에서 최종목적지까지의 운송비)을 더해서 계산하면
된다.

CFR 조건은 해상운송 전용규칙이므로 목적지가 공항이거나
내륙의 어느 지점인 경우에는 CFR 대신에 CPT 조건을 사용해
야 한다. 또한 인코텀즈에서는 컨테이너 운송의 경우 화주별로
선박에서 컨테이너를 인도하지 않고 컨테이너터미널에 설치된
CY(Container Yard)에서 인도하므로 CFR 대신에 CPT 조건을 사용
하라고 권고하고 있다.

CIF

CIF는 Cost Insurance and Freight의 약어로 여기서 cost는 선적항에서 선박에 물건이 적재될 때까지의 비용, Insurance는 보험료, freight는 해상운임이라는 뜻으로, 수출자가 선적항에서 물건을 선박에 적재하여 인도하고 물건이 지정된 도착항에 도착할 때까지의 해상운임과 보험료를 부담하는 조건이다. CIF 다음에 도착항을 표시해서 해당 도착항까지의 해상운임 및 보험료를 수출자가 부담해야 한다.

CIF를 비롯한 C그룹에서는 비용의 분담지점과 위험의 이전시점이 다르다. 즉 비용 면에서는 물건이 지정된 항구나 장소에 도착할 때까지의 비용을 수출자가 부담하지만, 위험은 선적항에서 물건을 적재하거나(CFR, CIF) 수출국 내에서 운송인에게 물건을 인도하는 시점(CPT, CIP)에 수입자에게 이전된다.

C그룹에서는 수출국에서 위험이 수입자에게 이전되므로 물건이 수입자에게 도착하기 전에 사고가 나더라도 수입자는 수출자에게 물품대금을 지급해야 한다. 따라서 수입자는 운송 도중 사고위험을 보상해 주는 보험에 가입하여야 한다. 다만 CIF와 CIP 조건에서는 위험은 수출국에서 수입자에게 이전되지만 보험은 수출자가 수입자 대신 가입하도록 규정하고 있다. 따라서 CIF와 CIP 조건에서는 보험은 수출자가 가입하지만 사고가 났을 때 보상은 수입자가 받는다.

결론적으로 CIF 조건에서 선적항에서 선박에 물건이 적재될 때까지의 비용, 지정된 도착항까지의 해상운임과 보험료 및 수출통관비용은 수출자가 부담하고 수입통관에 따르는 비용 및 책임, 수입통관 시 부과되는 모든 세금의 납부의무, 지정된 도착항에서 최종목적지까지의 운송비 등은 수입자가 부담한다. 이를 바탕으로 수출자와 수입자가 해야 할 일을 정리하면 다음과 같다.

수출자가 해야 할 일

① 선적항에서 선박에 물건을 적재하여 인도

② 지정된 도착항까지의 운송계약 체결

③ 운송 도중 사고위험을 보상해 주는 보험 부보

④ 수출통관

수입자가 해야 할 일 ─────────────────────

① 수입통관 및 수입통관 시 부과되는 모든 세금(관세, 부가세, 개별소비세 등) 납부

② 지정된 도착항에서 최종목적지까지의 운송계약 체결

수출가격은 공장도가격에 수출자가 해야 할 일에 언급된 비용(선적항에서 선박에 물건이 적재될 때까지의 비용, 지정된 도착항까지의 해상운임, 운송 도중 사고위험을 보상해 주는 보험료, 수출통관수수료)을 더해서 계산하면 되고, 수입원가는 수출가격에다 수입자가 해야 할 일에 언급된 비용(수입통관수수료, 부가세는 환급되므로 제외하고 수입통관 시 부과되는 나머지 모든 세금, 지정된 도착항에서 최종목적지까지의 운송비)을 더해서 계산하면 된다.

CIF 조건은 해상운송 전용규칙이므로 목적지가 공항이거나 내륙의 어느 지점인 경우에는 CIF 대신에 CIP 조건을 사용해야 한다. 또한 인코텀즈에서는 컨테이너 운송의 경우 화주별로 선박에서 컨테이너를 인도하지 않고 컨테이너터미널에 설치된 CY(Container Yard)에서 인도하므로 CIF 대신에 CIP 조건을 사용하라고 권고하고 있다.

CPT

CPT는 Carriage Paid To의 약어로 여기서 carriage는 모든 종류의 운송비를 뜻하며, 수출자가 수출국 내에서 자신이 선정한 운송인에게 물건을 인도하고 물건이 수입국 내의 지정된 장소에 도착할 때까지의 모든 운송비를 부담하는 조건이다. CPT 다음에 지정된 장소를 표시해서 해당 장소까지의 모든 운송비를 수출자가 부담해야 한다.

CPT를 비롯한 C그룹에서는 비용의 분담지점과 위험의 이전시점이 다르다. 즉 비용 면에서는 물건이 지정된 항구나 장소에 도착할 때까지의 비용을 수출자가 부담하지만, 위험은 선적항에서 물건을 적재하거나(CFR, CIF) 수출국 내에서 운송인에게 물건을 인도하는 시점(CPT, CIP)에 수입자에게 이전된다.

C그룹에서는 수출국에서 위험이 수입자에게 이전되므로 물건

이 수입자에게 도착하기 전에 사고가 나더라도 수입자는 수출자에게 물품대금을 지급해야 한다. 따라서 수입자는 운송 도중 사고위험을 보상해 주는 보험에 가입하여야 한다. 다만 CIF와 CIP 조건에서는 위험은 수출국에서 수입자에게 이전되지만 보험은 수출자가 수입자 대신 가입하도록 규정하고 있다. 따라서 CIF와 CIP 조건에서는 보험은 수출자가 가입하지만 사고가 났을 때 보상은 수입자가 받는다.

결론적으로 CPT 조건에서 물건이 지정된 장소에 도착할 때까지의 모든 운송비 및 수출통관비용은 수출자가 부담하고 운송 도중 사고위험을 보상해 주는 보험부보, 수입통관에 따르는 비용 및 책임, 수입통관 시 부과되는 모든 세금의 납부의무, 지정된 장소에서 물건을 내리는 비용 및 위험 등은 수입자가 부담한다. 이를 바탕으로 수출자와 수입자가 해야 할 일을 정리하면 다음과 같다.

수출자가 해야 할 일

① 수입국 내의 지정된 장소에서 물건 인도

② 물건이 지정된 장소에 도착할 때까지의 운송계약 체결

③ 수출통관

수입자가 해야 할 일

① 운송 도중 사고위험을 보상해 주는 보험 부보

② 수입통관 및 수입통관 시 부과되는 모든 세금(관세, 부가세, 개별소비세 등) 납부

③ 지정된 장소에서 물건을 내리는 작업

수출가격은 공장도가격에 수출자가 해야 할 일에 언급된 비용(물건이 지정된 장소에 도착할 때까지의 모든 운송비, 수출통관수수료)을 더해서 계산하면 되고, 수입원가는 수출가격에다 수입자가 해야 할 일에 언급된 비용(운송 도중 사고위험을 보상해 주는 보험료, 수입통관수수료, 부가세는 환급되므로 제외하고 수입통관 시 부과되는 나머지 모든 세금, 지정된 장소에서 물건을 내리는 비용)을 더해서 계산하면 된다.

만약 운송 도중 사고위험을 보상해 주는 보험을 수입자 대신 수출자가 부보하는 조건으로 바꾸고 싶으면 CIP 조건으로 계약하면 된다.

CIP

CIP는 Carriage and Insurance Paid To의 약어로 여기서 carriage는 모든 종류의 운송비이고 insurance는 보험료라는 뜻으로, 수출자가 수출국 내에서 자신이 선정한 운송인에게 물건을 인도하고 물건이 수입국 내의 지정된 장소에 도착할 때까지의 모든 운송비와 보험료를 부담하는 조건이다. CIP 다음에 지정된 장소를 표시해서 해당 장소까지의 모든 운송비 및 보험료를 수출자가 부담해야 한다.

CIP를 비롯한 C그룹에서는 비용의 분담지점과 위험의 이전시점이 다르다. 즉 비용 면에서는 물건이 지정된 항구나 장소에 도착할 때까지의 비용을 수출자가 부담하지만, 위험은 선적항에서 물건을 적재하거나(CFR, CIF) 수출국 내에서 운송인에게 물건을 인도하는 시점(CPT, CIP)에 수입자에게 이전된다.

C그룹에서는 수출국에서 위험이 수입자에게 이전되므로 물건이 수입자에게 도착하기 전에 사고가 나더라도 수입자는 수출자에게 물품대금을 지급해야 한다. 따라서 수입자는 운송 도중 사고위험을 보상해 주는 보험에 가입하여야 한다. 다만 CIF와 CIP 조건에서는 위험은 수출국에서 수입자에게 이전되지만 보험은 수출자가 수입자 대신 가입하도록 규정하고 있다. 따라서 CIF와 CIP 조건에서는 보험은 수출자가 가입하지만 사고가 났을 때 보상은 수입자가 받는다.

결론적으로 CIP 조건에서 물건이 지정된 장소에 도착할 때까지의 모든 운송비와 보험료 및 수출통관비용은 수출자가 부담하고 수입통관에 따르는 비용 및 책임, 수입통관 시 부과되는 모든 세금의 납부의무, 지정된 장소에서 물건을 내리는 비용 및 위험 등은 수입자가 부담한다. 이를 바탕으로 수출자와 수입자가 해야 할 일을 정리하면 다음과 같다.

수출자가 해야 할 일

① 수입국 내의 지정된 장소에서 물건 인도

② 물건이 지정된 장소에 도착할 때까지의 운송계약 체결

③ 운송 도중 사고위험을 보상해 주는 보험 부보

④ 수출통관

수입자가 해야 할 일 ───────────────────────────

① 수입통관 및 수입통관 시 부과되는 모든 세금(관세, 부가세, 개별소비세

등) 납부

② 지정된 장소에서 물건을 내리는 작업

수출가격은 공장도가격에 수출자가 해야 할 일에 언급된 비용
(물건이 지정된 장소에 도착할 때까지의 모든 운송비, 운송 도중 사고위험을 보상해
주는 보험료, 수출통관수수료)을 더해서 계산하면 되고, 수입원가는 수
출가격에다 수입자가 해야 할 일에 언급된 비용(수입통관수수료, 부가
세는 환급되므로 제외하고 수입통관 시 부과되는 나머지 모든 세금, 지정된 장소에
서 물건을 내리는 비용)을 더해서 계산하면 된다.

DAP

DAP는 Delivered At Place의 약어로 여기서 delivered는 물건을 인도한다는 뜻으로 수출자가 수입국 내의 지정된 장소에서 물건을 인도하는 조건이라고 정의할 수 있다. DAP 다음에 지정된 장소를 표시해서 해당 장소에서 물건을 인도해야 한다.

DAP 조건에서 물건이 지정된 장소에 도착할 때까지의 모든 비용과 위험은 수출자가 부담하고 수입통관에 따르는 비용 및 책임, 수입통관 시 부과되는 모든 세금의 납부의무, 지정된 장소에서 물건을 내리는 비용 및 위험 등은 수입자가 부담한다. 이를 바탕으로 수출자와 수입자가 해야 할 일을 정리하면 다음과 같다.

수출자가 해야 할 일 ———————

① 수입국 내의 지정된 장소에서 물건 인도

② 물건이 지정된 장소에 도착할 때까지의 운송계약 체결

③ 운송 도중 사고위험을 보상해 주는 보험 부보

④ 수출통관

수입자가 해야 할 일

① 수입통관 및 수입통관 시 부과되는 모든 세금(관세, 부가세, 개별소비세 등) 납부

② 지정된 장소에서 물건을 내리는 작업

수출가격은 공장도가격에 수출자가 해야 할 일에 언급된 비용(물건이 지정된 장소에 도착할 때까지의 모든 운송비, 운송 도중 사고위험을 보상해 주는 보험료, 수출통관수수료)을 더해서 계산하면 되고, 수입원가는 수출가격에다 수입자가 해야 할 일에 언급된 비용(수입통관수수료, 부가세는 환급되므로 제외하고 수입통관 시 부과되는 나머지 모든 세금, 지정된 장소에서 물건을 내리는 비용)을 더해서 계산하면 된다.

만약 지정된 장소에 물건이 도착해서 내려질 때까지의 비용과 위험을 수출자가 부담하는 조건으로 바꾸려면 DPU 조건으로 계약하고, 수입통관에 따르는 비용과 책임, 수입통관 시 부과되는 세금까지 수출자가 부담하는 조건으로 바꾸고 싶다면 DDP 조건으로 계약하면 된다.

DPU

DPU는 Delivered at Place Unloaded의 약어로 여기서 delivered는 물건을 인도한다는 뜻이고 unloaded는 물건을 내린다는 뜻이다. 따라서 DPU 조건은 수출자가 수입국 내의 지정된 장소에 도착한 물건을 내려서 인도하는 조건이라고 정의할 수 있다. DPU 다음에 지정된 장소를 표시해서 해당 장소에서 물건을 내려서 인도해야 한다.

DPU 조건에서 지정된 장소에 도착해서 물건을 내릴 때까지의 모든 비용과 위험은 수출자가 부담하지만 수입통관에 따르는 비용 및 책임, 수입통관 시 부과되는 모든 세금의 납부의무 등은 수입자가 부담해야 한다. 이를 바탕으로 수출자와 수입자가 해야 할 일을 정리하면 다음과 같다.

수출자가 해야 할 일

① 수입국 내의 지정된 장소에서 물건을 내려서 인도

② 물건이 지정된 장소에 도착할 때까지의 운송계약 체결

③ 운송 도중 사고위험을 보상해 주는 보험 부보

④ 수출통관

⑤ 지정된 장소에서 물건을 내리는 작업

수입자가 해야 할 일

수입통관 및 수입통관 시 부과되는 모든 세금(관세, 부가세, 개별소비세 등) 납부

수출가격은 공장도가격에 수출자가 해야 할 일에 언급된 비용(물건이 지정된 장소에 도착할 때까지의 모든 운송비, 운송 도중 사고위험을 보상해 주는 보험료, 수출통관수수료, 지정된 장소에서 물건을 내리는 비용)을 모두 더해서 계산하면 되고, 수입원가는 수출가격에다 수입자가 해야 할 일에 언급된 비용(수입통관수수료, 부가세는 환급되므로 제외하고 수입통관 시 부과되는 나머지 모든 세금)을 더해서 계산하면 된다.

만약 지정된 장소에 도착할 때까지의 비용과 위험까지만 수출자가 부담하고 물건을 내릴 때 발생하는 비용과 위험은 수입자가 부담하는 조건으로 바꾸려면 DAP 조건으로 계약하고, 수입통관에 따르는 비용과 책임, 수입통관 시 부과되는 세금까지 수출

자가 부담하는 조건으로 바꾸고 싶다면 DDP 조건으로 계약하면
된다.

DDP

DDP는 Delivered Duty Paid의 약어로 여기서 delivered는 물건을 인도한다는 뜻이고 duty는 관세를 비롯해 수입통관 시 부과되는 모든 세금을 뜻한다. 따라서 DDP 조건은 수출자가 물건이 수입국 내의 지정된 장소에 도착할 때까지의 모든 비용과 위험 및 수입통관 시 부과되는 모든 세금까지 부담해서 인도하는 조건이라고 정의할 수 있다. DDP 다음에 지정된 장소를 표시해서 해당 장소까지의 모든 운송비와 보험료, 수출입통관수수료 및 수입통관 시 부과되는 모든 세금까지 수출자가 부담해야 한다.

DDP는 인코텀즈에서 규정한 11가지 조건 중에서 수출자의 의무가 가장 크고 수입자의 의무가 가장 작은 조건이다. DDP 조건은 수입자가 무역거래 경험이 적거나 수입에 따르는 위험을 회피하고 싶을 때 주로 사용하며, 수입자 입장에서 보면 국내에서 물건을 구입하는 것과 차이가 없다. 한편 수출자 입장에서 보면 수입통관의 책임까지 부담해야 하므로 수입통관에 따르는 위험을 책임질 수 없는 입장이라면 DDP 조건보다는 DAP 조건으로 계약하자고 수입자를 설득하는 것이 바람직하다.

DDP 조건에서 물건이 지정된 장소에 도착할 때까지의 모든 비용과 위험은 수출자가 부담하고, 수입자는 지정된 장소에서 물건을 내릴 때 발생하는 비용과 위험만을 부담한다. 이를 바탕으로 수출자와 수입자가 해야 할 일을 정리하면 다음과 같다.

수출자가 해야 할 일

① 수입국 내의 지정된 장소에서 물건 인도

② 물건이 지정된 장소에 도착할 때까지의 운송계약 체결

③ 운송 도중 사고위험을 보상해 주는 보험 부보

④ 수출입통관 및 수입통관 시 부과되는 모든 세금(관세, 부가세, 개별소비세 등) 납부

수입자가 해야 할 일

지정된 장소에 도착한 물건을 내리는 작업

수출가격은 공장도가격에 수출자가 해야 할 일에 언급된 비용 (물건이 지정된 장소에 도착할 때까지의 모든 운송비, 운송 도중 사고위험을 보상해

주는 보험료, 수출입통관수수료, 환급받을 수 있는 세금을 제외하고 수입통관 시 부과되는 나머지 모든 세금)을 모두 더해서 계산하면 되고, 수입원가는 수출가격에다 수입자가 해야 할 일에 언급된 비용(지정된 장소에 도착한 물건을 내리는 비용)을 더해서 계산하면 된다.

만약 지정된 장소에 도착한 물건을 내릴 때 발생하는 비용과 위험까지 수출자가 부담하는 조건으로 바꾸고 싶다면 DDP UNLOADED, 부가세를 수입자가 환급받도록 하고 싶으면 DDP VAT EXCLUDED와 같은 변형조건으로 계약하면 된다.

주제별 무역용어

• 무역일반 •

대외무역법 수출입거래를 관리하는 기본법으로, 대외무역을 진흥하고 공정한 거래질서를 확립하여 국제수지의 균형과 통상의 확대를 도모함으로써 국민경제의 발전에 이바지함을 목적으로 함

외국환거래법 외국환거래를 적절하게 관리함으로써 대외거래를 원활하게 하고 국제수지의 균형, 통화가치의 안정 및 외화자금의 효율적 운영을 도모하기 위한 법

관세법 수출입물품의 통관과 관세의 부과 및 징수를 총괄하는 법으로서 수출입물품의 통관을 적절하게 하고 관세수입을 확보함으로써 국민경제의 발전을 도모하는 것을 목적으로 함

개별법 식품위생법, 약사법, 화장품법, 전기용품안전관리법 등과 같이 무역과 직접적인 관련이 없는 법이지만 무역거래를 규제할 수 있는 법을 뜻함

수출입품목관리제도 사업자등록만 하면 누구나 자유롭게 무역을 할 수 있도록 허용하지만 품목에 따라서는 수출입을 제한함으로써 국가경제나 국민을 보호하기 위한 제도

수출입공고 수출입품목을 관리하기 위한 기본공고로서 Negative List System에 의해 품목별로 수출입을 관리함

통합공고 식품위생법, 약사법, 화장품법, 전기용품안전관리법, 자연환경보호법 등과 같은 개별법에 의한 품목별 수출입 제한내용을 통합하여 공고하는 것

전략물자수출입고시 전략물자의 수출입을 통제함으로써 국제평화 및 안전과 국가안보를 유지하기 위한 규정

위탁가공무역 외국의 가공업체에 물품을 제조하는 데 필요한 원부자재를 공급해 주고 물품을 가공하도록 한 다음 가공한 물품을 국내로 들여오거나 현지에서 제3국으로 수출하는 거래형태

중계무역 제3국에서 생산된 물건을 구입하여 또 다른 제3국으로 수출하는 거래형태

중개무역 자신이 직접 수출입거래를 하지 않고 제3국의 수출자와 수입자 간의 거래를 중개해 주고 수수료를 취하는 것

오퍼상(Commission Agent) 외국의 수출업자를 대신해서 국내수입업자로부터 오더를 수주하고 커미션을 받는 무역에이전트

바잉오피스(Buying Office) 외국의 수입업자를 대신해서 국내수출물품의 구매를 관리하는 무역에이전트

OEM(주문자상표부착방식) Original Equipment Manufacturing의 약어로 주문자가 지정한 상표를 부착하여 물건을 생산해서 공급하는 방식

ODM(제조업자개발생산) Original Development Manufacturing의 약어로 제조업자가 자체 개발한 기술을 바탕으로 물건을 생산하여 주문자에게 공급하는 방식

BWT(보세창고도거래) Bonded Warehouse Transaction의 약어로 수출자가 자신의 위험과 비용으로 수입국의 보세창고에 물품을 입고시키고 수입통관을 밟지 않은 상태에서 현지에서 물품을 판매하는 방식

거래조건(Trade Terms) 수출자와 수입자 간의 무역거래에 따르는 비용과 위험부담을 명확히 하기 위한 조건

결제조건(Payment Terms) 무역거래에 따르는 물품대금의 지급방식

신용장(Letter of Credit) 개설은행에서 수출자에게 신용장에 명시된 선적서류와 상환하여 수출대금을 지급하겠다고 약속하는 증서

선적서류(Shipping Documents) 선적사실을 확인하고 물품을 찾을 수 있도록 수출자가 수입자에게 보내주는 서류로 상업송장(Commercial Invoice), 포장명세서(Packing List), 선하증권(Bill of Lading) 등이 있음

샘플오더(Sample Order) 수입판매 가능성을 타진하고 시장조사의 목적으로 소량의 물건을 주문하는 것

시험오더(Trial Order) 물건을 직접 시장에 판매하면서 소비자들의 반응을 살펴보기 위해서 일정 규모의 물량을 주문하는 것

본오더(Main Order) 시험오더해서 시장에서 판매해 본 결과 시장성이 확인된 물건을 본격적으로 주문하는 것

재오더(Repeat Order) 한 번 주문했던 물건을 다시 주문하는 것

병행수입(Parallel Import) 원산지의 제조업자로부터 직접 수입하지 않고 유통시장에서 구입하여 수입하는 것

· 거래조건 ·

인코텀즈(INCOTERMS) International Commercial Terms의 약어로 국제상업회의소(ICC, International Chamber of Commerce)에서 제정

한 정형거래조건에 관한 국제규칙(ICC rule for the use of domestic and international trade terms)으로 보험을 누가 들지를 판단하고 수출입원가를 계산하는 기준이 됨

EXW(공장인도조건) Ex Works의 약어로 공장이나 창고와 같은 지정된 장소에서 수출통관을 하지 않은 물품을 인도하는 조건

FOB(본선인도조건) Free On Board의 약어로 지정된 선적항에서 수입자가 지정한 선박에 물품을 적재하여 인도하는 조건

FAS(선측인도조건) Free Alongside Ship의 약어로 지정된 선적항에서 수입자가 지정한 선박의 선측에서 물품을 인도하는 조건

FCA(운송인인도조건) Free Carrier의 약어로 수출국 내의 지정된 장소에서 수입자가 지정하는 운송인에게 수출통관이 완료된 물품을 인도하는 조건

CFR(운임포함인도조건) Cost and Freight의 약어로 선적항에서 물품을 적재하여 인도하고 지정된 목적항까지의 운임을 수출자가 부담하는 조건

CIF(운임보험료포함인도조건) Cost Insurance and Freight의 약어로 선적항에서 물품을 적재하여 인도하고 지정된 목적항까지의 운임과 보험료를 수출자가 부담하는 조건

CPT(운송비지급인도조건) Carriage Paid To의 약어로 수출자가 선택한 운송인에게 물품을 인도하고 지정된 목적지까지의 운송비를 수출자가 부담하는 조건

CIP(운송비보험료지급인도조건) Carriage and Insurance Paid To의 약어로 수출자가 선택한 운송인에게 물품을 인도하고 지정된 목적지까지의 운송비와 보험료를 수출자가 부담하는 조건

DAP(도착지인도조건) Delivered At Place의 약어로 지정된 목적지에 도착한 운송수단에서 물품을 내리지 않은 상태로 인도하는 조건

DPU(도착지양하인도조건) Delivered at Place Unloaded의 약어로 지정된 목적지에 도착한 운송수단에서 물품을 내려서 인도하는 조건

DDP(관세지급인도조건) Delivered Duty Paid의 약어로 수입통관된 물품을 지정된 목적지에 도착한 운송수단에서 내리지 않은 상태로 인도하는 조건

· 결제방식 ·

신용장 결제방식 은행에서 발행하는 신용장(Letter of Credit)에 의해 결제하는 방식

송금방식(T/T, Telegraphic Transfer) 은행을 통해 상대방의 계좌로 대금을 송금하는 결제방식

사전송금방식 물건이 선적 또는 인도되기 전에 미리 물품대금을 송금하는 방식

사후송금방식 물건이 선적되거나 인도된 후에 물품대금을 송금하는 방식

OA(Open Account) 사후송금방식으로 수출하고 발생한 외상수출채권을 은행과 약정을 맺고 미리 지급받는 방식

COD(Cash On Delivery) 물품의 인도와 상환하여 물품대금을 지급하는 방식

CAD(Cash Against Documents) 선적서류와 상환하여 물품대금을 지급하는 방식

추심결제방식 은행에서 수입자로부터 대금을 수령하여 수출자에게 전달해 주는 방식으로 D/P와 D/A로 나뉨

D/P(Documents Against Payment) 수입자가 물품대금을 지급하고 선적서류를 인수하는 방식

D/A(Documents Against Acceptance) 수입자가 선적서류를 인수하

고 일정 기간 후 물품대금을 지급하는 방식

국제팩토링(International Factoring) 무신용장방식으로 수출하고 발생한 외상수출채권을 팩토링회사에 양도하고 수출대금을 지급받는 방식

포페이팅(Forfaiting) 무역거래에서 발생하는 장기외상채권을 신용장 또는 은행에서 발행하는 지급보증서나 보증(Aval)을 근거로 포페이터(forfaitor)에게 할인양도하는 방식으로 대금결제방식이라기보다는 금융기법의 일종임

• 신용장(Letter of Credit) •

취소불능신용장(Irrevocable L/C) 당사자 전원의 동의가 없이는 취소가 불가능한 신용장

화환신용장(Documentary L/C) 수출자가 물건을 선적하고 선적서류와 상환하여 대금을 지급받는 신용장

일람불신용장(At Sight L/C) 선적서류 제시 즉시 대금이 결제되는 신용장

기한부신용장(Usance L/C) 선적서류 제시 후 일정 기간 후에 대금이 결

제되는 신용장

Shipper's Usance L/C 유선스 기간의 이자를 수출자가 부담하는 기한부신용장

Banker's Usance L/C 유선스 기간의 이자를 수입자가 부담하는 기한부신용장으로 수출자는 at sight L/C와 마찬가지로 선적 즉시 대금을 수령할 수 있음

Negotiation L/C(매입신용장) 수출자가 물품을 선적한 후 개설은행으로부터 직접 대금을 수령하지 않고 매입은행으로부터 대금을 지급받는 신용장

Payment L/C(지급신용장) 수출자가 개설은행의 지점 또는 예치환거래은행으로부터 수출대금을 지급받는 신용장

양도가능신용장(Transferable L/C) 신용장 금액의 일부 또는 전부를 제3자에게 양도할 수 있는 신용장

확인신용장(Confirmed L/C) 개설은행과 별도로 확인은행이 신용장에 명시된 대금의 지급을 확약하는 신용장

회전신용장(Revolving L/C) 동일한 수출자로부터 동일한 물품을 반복해서 수입할 경우 이미 사용된 신용장을 동일한 조건의 새로운 신용장으로 자동적으로 소생시키는 신용장

견질신용장(Back to Back L/C) 원신용장(Master L/C)을 견질로 하여 원자재나 완제품 공급자에게 발행하는 제2의 신용장을 뜻하며, 국내공급자를 수익자로 발행되는 Local L/C와 중계무역 시 국외공급자를 수익자로 발행되는 Sub L/C(Baby L/C)가 있음

동시개설신용장(Back to Back L/C) 수출자가 신용장을 받은 날로부터 일정한 기일 내에 수입자에게 Counter L/C를 개설해야 신용장이 유효하다는 조건을 단 신용장

기탁신용장(Escrow L/C) 수출대금을 수출자와 수입자가 합의한 Escrow 계정에 예치한 후 수출자가 수입자에게 Counter L/C를 발급하고 그 결제자금으로만 인출할 수 있도록 하는 신용장

토마스신용장(Tomas L/C) 동시개설신용장과 같으나 언제까지 Counter L/C를 개설하겠다는 내용의 보증서를 제출하도록 한 신용장

보증신용장(Stand-by L/C) 물품거래와 상관없이 순수한 보증목적으로 사용되는 신용장

선대신용장(Red Clause L/C) 신용장개설의뢰인의 요청에 따라 수출업자에게 수출대금의 일부 또는 전부를 선적서류 제출 이전에 미리 지급받을 수 있도록 허용하는 신용장

내국신용장(Local L/C) 수출자가 수취한 신용장을 근거로 국내의 수출

용 원자재나 완제품 공급자 앞으로 발행하는 신용장

구매확인서 수출자가 국내공급자로부터 구매하는 원자재 또는 완제품이 수출용 원자재 또는 완제품이라는 사실을 외국환은행이 증명하는 서식

개설의뢰인(Applicant) 개설은행에 신용장 개설을 의뢰하는 수입자

수익자(Beneficiary) 신용장에 의거해 수출을 이행하고 은행으로부터 신용장대금을 지급받는 수출자

개설은행(Issuing Bank) 수입자의 요청에 의해 신용장을 개설해 주는 은행

통지은행(Advising Bank) 개설은행으로부터 신용장을 접수하여 수출자에게 통지해 주는 은행

확인은행(Confirming Bank) 개설은행과 별도로 신용장에 명시된 대금의 지급을 확약하는 은행

매입은행(Negotiating Bank) 수출자로부터 신용장에 명기된 선적서류를 매입하고 수출대금을 지급해 주는 은행

상환은행(Reimbursing Bank) 매입은행이 개설은행과 거래관계가 없을 경우 제3의 은행을 통해서 수출대금의 상환이 이루어지도록 하는데 이러

한 역할을 하는 은행을 상환은행이라고 하며 일명 결제은행(Settling Bank)
이라고도 함

네고(Negotiation) 매입은행에서 수출자로부터 선적서류를 매입하고 수
출대금을 지급하는 것

신용장개설수수료(L/C opening charge) 개설은행에서 수입자를 대신
해서 대금지급을 확약하는 데 따르는 보증료 성격으로 징수하는 수수료

신용장통지수수료(advising commission) 통지은행에서 수출자에게 신
용장을 통지할 때 징수하는 수수료

신용장확인수수료(confirmation charge) 확인은행에서 별도의 지급확
약을 해주는 대가로 징수하는 수수료

환가료(exchange commission) 매입은행이 수출자에게 미리 신용장대
금을 지급하고 개설은행으로부터 동 대금을 수취할 때까지의 기간에 대해
이자 성격으로 징수하는 수수료

지연이자(delay charge) 수출의 경우 개설은행으로부터 대금의 입금이
지연되거나 수입의 경우 수입자의 대금지급이 지연될 경우에 징수하는 수
수료

미입금수수료(less charge) 매입은행에서 예상치 못했던 수수료가 해외

은행으로부터 징수된 경우에 수출자로부터 추징하는 수수료

대체료(in lieu of exchange commission) 외화계정으로 입출금을 할 경우 은행에서 외국환매매에 따르는 이익을 얻을 수 없는 것을 보전하기 위해서 징수하는 수수료

Draft(환어음) 수출자가 개설은행 또는 수입자 앞으로 발행하는 지급요 청서

Tenor of Draft 환어음의 지급기일

Latest Shipment 최종선적기한

E/D(Expiry Date) 신용장의 유효기간으로서 신용장에서 요구하는 서류 를 제출하는 마감 시한

S/D(Shipping Date) 선적일자

분할선적(Partial Shipment) 물건을 두 차례 이상 나누어 싣는 것

환적(Transshipment) 물건을 선적항에서 도착항까지 같은 선박으로 운 송하지 않고 중간 기착지에서 다른 선박에 옮겨 싣는 것

원산지(Origin) 물품이 생산된 국가

선적지(Shipping Port) 물건이 선적되는 곳

도착지(Destination) 물건이 도착할 곳

신용장통일규칙 신용장에 대한 각기 다른 해석으로 인해 발생하는 분쟁에 대비하기 위해서 국제상업회의소(International Chamber of Commerce)에서 제정한 신용장의 해석기준

· 무역계약 ·

Offer(오퍼) 수출자가 수입자에게 수출할 물건의 명세, 가격, 납기 등의 제반 거래조건을 제시하는 것

Offer Sheet(물품매도확약서) 오퍼의 내용을 명시하여 발행하는 서식

Proforma Invoice(견적송장) 수출자가 수입자와 합의한 계약조건을 명시하여 발행하는 서식

Purchase Order(주문서) 수입자가 수입할 물품의 명세와 계약조건을 명시하여 발행하는 서식

클레임(Claim) 계약당사자 중 한쪽에서 계약을 제대로 이행하지 않았을

때 피해자가 상대방에게 손해보상을 청구하는 권리 또는 손해배상을 요구하는 것

알선(Intermediation) 당사자의 일방 또는 쌍방의 의뢰에 따라 상공회의소, 상사중재원 등과 같은 기관에서 타협안을 제시함으로써 클레임을 해결하는 방식

조정(Conciliation) 당사자 쌍방의 조정합의에 따라 공정한 제3자를 조정인으로 선임하여 분쟁해결방안을 제시해 줄 것을 요청하고, 조정인이 제시하는 조정안에 쌍방이 동의함으로써 클레임을 해결하는 방법

중재(Arbitration) 당사자 쌍방의 중재합의에 의하여 공정한 제3자를 중재인으로 선정하고, 중재인이 내린 중재판정에 무조건 복종함으로써 분쟁을 해결하는 방식

소송(Litigation) 사법기관의 판결에 의하여 무역클레임을 강제적으로 해결하는 방법

뉴욕협약(New York Convention) 공식 명칭은 United Nations Convention on the Recognition and Enforcement of Foreign Arbitral Awards(외국중재판정의 승인 및 집행에 관한 유엔협약)이며, 체약국 내의 중재판정의 결과는 외국에서도 강제집행이 가능하도록 규정해 놓았음

비엔나협약(Vienna Convention) 공식명칭은 United Nations Convention on Contracts for the International Sales of Goods(CISG, 국제물품매매에 관한 유엔협약)이며, 모든 국제물품계약에 공통적으로 적용되는 기본법으로 매도인과 매수인의 권리와 의무에 관한 규정을 담고 있음

· 선적서류 ·

상업송장(Commercial Invoice) 물품명세서와 대금청구서의 용도로 수출자가 발행하는 서식으로 물품의 명세, 수량, 단가 및 총금액을 표시

Description 물건의 명세

Quantity 물건의 양

Unit Price 물건의 단가

Amount 물건의 총액

포장명세서(Packing List) 물품의 포장명세, 무게, 부피 등을 표시한 포장내역서

Net Weight 물건의 순중량

Gross Weight 물건의 순중량에 포장용기의 중량을 합한 중량

Measurement 물건의 부피

CBM(Cubic Meter) 가로, 세로, 높이가 각각 1m일 때의 부피단위

선하증권(B/L, Bill of Lading) 해상운송계약에 따라 화물을 인수하고 증권에 기재된 조건에 따라 운송하며 지정된 목적항에서 증권의 정당한 소지인에게 화물을 인도할 것을 약정하는 유가증권

Original B/L 흔히 '오비엘'이라고 부르는 선하증권의 원본

Master B/L 선박회사에서 포워더에게 발행하는 B/L

House B/L Forwarder B/L이라고도 불리며 Master B/L을 근거로 포워더가 화주에게 발행하는 B/L

Third Party B/L B/L상의 선적인이 계약당사자가 아닌 제3자가 되는 것

Stale B/L 신용장에 명시된 제시시한이 경과한 B/L

항공화물운송장(AWB, Air Waybill) 화물을 인수하였음을 증명하고 동화물을 항공으로 운송하여 운송장에 명시한 수하인에게 인도할 것을 약정하는 운송계약증서

해상화물운송장(SWB, Sea Waybill) 화물을 인수하였음을 증명하고 동 화물을 해상으로 운송하여 운송장에 명시한 수하인에게 인도할 것을 약정 하는 운송계약증서

보험증권(Insurance Policy) 보험회사에서 발행하는 손해보장확인증서

원산지증명서(Certificate of Origin) 물품의 원산지를 확인하기 위해서 수출국의 상공회의소나 관련 관공서에서 발급하는 증명서

검사증명서(Inspection Certificate) 수입자가 지정하는 검사기관에서 수출품 선적 전에 수출품의 품질이나 수량을 검사하고 이상이 없음을 확인 해 주는 증명서

· 포장 ·

Individual Packing 개별 물품에 대한 포장

Inner Packing 개별물품을 일정량씩 포장하는 중간포장

Export Packing 수출용포장

Export Carton Box 수출포장용 카튼박스

화인(Shipping Mark) 화물의 포장박스 표면에 수입자의 상호, 도착항, 아이템번호, 포장일련번호, 원산지 등을 표기하는 것

· 운송 ·

컨테이너운송 화물을 컨테이너에 적재하여 운송하는 방식

벌크(Bulk)운송 광물이나 곡물 등과 같은 화물을 야적상태로 운송하는 방식

복합운송(Multimodal Transport) 하나의 운송계약에 의거 서로 다른 두 가지 이상의 운송수단을 사용하여 화물을 운반하는 것

복합운송주선업자(Forwarder) 운송과 관련된 모든 업무를 일괄해서 대행해 주는 업체

수하인(Consignee) B/L상에 명시된 화물의 수취인

통지인(Notify Party) 선박회사에서 물건을 찾아가라고 연락해 주는 대상

S/R(선복신청서) Shipping Request의 약어로 선박회사에 화물을 선적할 공간을 요청하는 서류

S/O(선적지시서) Shipping Order의 약어로 선박회사에서 화물을 선박에 적재하여 목적지까지 운송할 것을 선장에게 지시하는 서류

M/R(본선인수증) Mate's Receipt의 약어로 일등항해사가 화물수령의 증거로 발행하는 서류

D/R(부두수취증) Dock Receipt의 약어로 컨테이너 화물을 부두에서 수령했다는 증거로 발행하는 서류

Arrival Notice(화물도착통지서) 운송업체에서 선박의 도착 스케줄을 화주에게 통보해 주는 서류

D/O(화물인도지시서) Delivery Order의 약어로 선주나 그 대리점이 본선의 선장에게 화물의 인도를 지시하는 서류

Clean B/L 선적지시서에 기재된 내용과 화물이 일치하고 포장에 이상이 없어 선하증권에 아무런 하자표시가 들어 있지 않은 무하자 선하증권

Unclean B/L 화물의 수량 및 성질 등에 하자가 있을 경우 선하증권에 하자표시를 한 하자선하증권

L/I(파손화물보상각서) Letter of Indemnity의 약어로 하자물품을 선적할 경우에 Clean B/L을 받기 위해서 Shipper가 선박회사에 책임을 전가하지 않겠다고 서약하는 서류

L/G(수입화물선취보증서) Letter of Guarantee의 약어로 수입자와 신용장개설은행이 연대하여 선박회사에 선하증권 원본이 도착하는 대로 이를 제출할 것과 선하증권 원본 없이 물건을 인도받는 데 따른 모든 문제에 대해 선박회사에 책임을 지우지 않겠다고 보증하는 서류로 인근 국가 간의 신용장방식에서 서류보다 물건이 먼저 도착함으로써 수입자가 물건을 제때 인수할 수 없을 때 사용함

Surrendered B/L Original B/L의 발행을 포기하거나 이미 발행된 경우 이를 선박회사에 반납하는 것을 뜻하며, 인근 국가 간의 거래에서 물건 도착 즉시 선하증권 사본을 제시하고 물건을 찾고자 할 때 사용함

Switch B/L 중계무역거래에서 중계무역업자가 제3국의 수출자로부터 받은 선하증권을 선박회사에 반납하고 새로운 선하증권을 발급받는 것을 뜻하며, 최종수입자에게 수출자가 노출되는 것을 방지하기 위해서 선하증권에 명시된 선적인(shipper)을 바꾸기 위한 목적으로 사용함

FCL(Full Container Load) 단독으로 컨테이너를 채울 수 있는 화물

LCL(Less than Container Load) 단독으로 컨테이너를 채울 수 없어서 다른 화주의 화물과 함께 실어야 하는 소량화물

CT(Container Terminal) 컨테이너전용부두에 설치되어 있는 컨테이너 집결지를 뜻하며, 수출화물이 선적되기 전이나 수입화물이 하역되어 대기하는 장소임

CY(Container Yard) 컨테이너터미널 내에 위치한 컨테이너야적장으로 수출 시 선박에 컨테이너를 싣기 전이나 수입 시 선박에서 내린 컨테이너를 모아두는 장소를 뜻함

CFS(Container Freight Station) 복수의 송화인으로부터 LCL화물을 인수해서 컨테이너에 적재하는 작업을 하거나, 수입된 LCL 화물을 컨테이너에서 하역하는 작업을 하는 장소로 컨테이너작업장이라고 부름

ICD(Inland Container Depot) 내륙에 위치한 컨테이너기지로 항구나 공항과 마찬가지로 컨테이너 화물처리를 위한 시설을 갖추고 수출입화물의 통관, 화물집하, 보관, 분류, 간이운송, 관세환급 등 종합물류터미널로 기능을 다하는 지역을 일컬음

Freight Prepaid 운송 전에 운임을 미리 받는 것

Freight Collect 운송이 완료된 후 운임을 받는 것

선적통지(Shipping Notice) 수출자가 수입자에게 선적 스케줄을 통보하는 것

ETD(Estimated Time of Departure) 예상출항일자

ETA(Estimated Time of Arrival) 예상도착일자

분할선적(Partial Shipment) 물건을 두 차례 이상 나누어 싣는 것

환적(Transshipment) 물건을 선적항에서 도착항까지 같은 선박으로 운송하지 않고 중간 기착지에서 다른 선박에 옮겨 싣는 것

BAF(Bunker Adjustment Factor) 선박의 주원료인 벙커유 가격변동에 따르는 손실을 보전하기 위해서 부과하는 유류할증료

EMS(Emergency Bunker Surcharge) 전쟁이나 분쟁, 산유국의 담합으로 유가가 폭등할 경우 긴급 부과하는 할증료

CAF(Currency Adjustment Factor) 운임표시 통화의 가치하락에 따른 손실을 보전하기 위해서 부과하는 통화할증료

THC(Terminal Handling Charge) 수출화물의 경우 CY에 입고된 시점부터 본선선측에 도착할 때까지, 수입화물의 경우 본선선측에서부터 CY에 입고될 때까지 화물의 이동에 따르는 화물처리 비용

CCC(Container Clearing Charge) 컨테이너 청소비용

WFG(Wharfage) 항만운영업자가 부두사용료조로 부과하는 요금

DOC Charge(Document charge) 수출 시 B/L, 수입 시 D/O를 발급해 줄 때 징수하는 서류발급비

DOC Fee(Document Fee) 포워더가 징수하는 서비스 비용

Storage Charge 화물이 입고돼서 출고될 때까지 보관료조로 터미널에서 화주에게 징수하는 비용

Demurrage Charge 컨테이너를 정해진 기간 내에 가져가지 않을 때 선박회사가 화주에게 부과하는 비용. Bulk cargo의 경우에는 정해진 기간 내에 선적이나 하역을 하지 못해서 선박의 출항이 지연되는 경우 선박회사에서 화주에게 부과하는 체선료를 뜻함

Detention Charge 컨테이너를 정해진 기간 내에 반납하지 않을 때 지연된 반납에 대한 피해보상 명목으로 선박회사에서 화주에게 부과하는 비용

Free Time 컨테이너를 가져가거나 반납할 때까지 별도의 비용을 부과하지 않고 허용해 주는 기간

• 보험(Insurance) •

적하보험 운송 중 발생하는 물품의 분실이나 파손을 보상해 주는 보험

Insurer 보험자, 즉 보험회사

Insured 피보험자, 즉 보험에 드는 자

Insured Amount 보험금액

Insured Premium 보험료

Insurance Policy 보험증권

전손(Total Loss) 물건의 전부가 멸실되거나 손상 정도가 심해서 구조나 수리비가 보험에 든 금액보다 큰 경우

현실전손(Actual Total Loss) 물건이 현실적으로 존재할 수 없을 정도로 심한 손상을 입거나 멸실된 경우

추정전손(Constructive Total Loss) 물건이 손실 또는 손상되어 수리비용, 보험금이 수리 후 화물의 가치를 초과하여 전손으로 추정될 정도의 손해를 입은 경우

분손(Partial Loss) 물건의 일부만이 손상된 경우

단독해손(Particular Average) 손해를 입은 구성원의 단독부담으로 돌아가는 손해

공동해손(General Average) 해상에서 위험에 처한 선박을 구하기 위해

서 일부를 희생함으로써 발생한 손해를 공동으로 부담하는 것

무역보험 수출입거래에서 발생하는 다양한 위험 중에서 적하보험에서 커버되지 않는 위험으로 인한 손실을 보상해 주는 보험

수출보험 수출거래에서 발생하는 다양한 위험 중에서 적하보험에서 커버되지 않는 위험으로 인한 손실을 보상해 주는 보험

수입보험 수입거래에서 발생하는 다양한 위험 중에서 적하보험에서 커버되지 않는 위험으로 인한 손실을 보상해 주는 보험

단기수출보험 결제기간 2년 이내의 수출계약을 체결하고 물품을 수출한 후 수출대금을 받을 수 없는 경우의 손실을 보상해 주는 보험

중장기수출보험 결제기간이 2년을 초과하는 수출계약을 체결한 후 수출이 불가능하게 되거나 수출대금을 받을 수 없는 경우의 손실을 보상해 주는 보험

환변동보험 수출입거래에서 발생하는 환율변동으로 인한 손실을 보상해 주는 보험

• 통관(Customs Clearance) •

통관(Customs Clearance) 무역 관련 법령에 의거 물품의 수입과 수출에 따른 각종 규제사항을 확인하고 관세를 부과하기 위한 세관의 통과 절차

관세(Customs Duty) 수입물품에 대해 과세하는 세금

HS(Harmonized System) 무역서류와 통계자료의 통일성을 기하고자 관세협력이사회가 제정한 국제적인 통일상품분류체계

HSK(The Harmonized System of Korea) HS를 우리나라의 실정에 맞게 보완한 것으로 수출입화물을 10자리 숫자로 분류함

수출신고(Export Declaration) 외국에 수출하는 물건의 명세와 거래조건 등을 세관장에게 서면으로 신고하는 것

수출신고필증 세관장이 수출자에게 수출이 허가되었음을 증명해 주는 서류

수입신고(Import Declaration) 외국으로부터 수입하는 물건의 명세와 거래조건 등을 세관장에게 서면으로 신고하는 것

수입신고필증 세관장이 수입자에게 수입이 허가되었음을 증명해 주는 서류

보세제도 외국물품에 대한 관세의 징수를 일정 기간 유보하는 제도

보세구역(Bonded Area) 수출신고를 마친 수출품이나 수입신고를 하기 전의 수입품을 보관하는 장소

보세창고(Bonded Warehouse) 외국물품 또는 통관하고자 하는 물품을 일시적으로 보관하기 위한 장소

보세운송(Bonded Transportation) 수출신고를 마친 수출품이나 수입 신고를 하기 전의 수입품을 운송하는 것

관세환급 수입 시 징수한 관세를 특정한 요건에 해당하는 경우에 전부 또는 일부를 되돌려 주는 것. 주로 수출품의 제조에 사용한 원재료를 수입 할 때 납부한 관세를 되돌려 주는 것을 일컬음

개별환급 수출품을 제조 또는 가공할 때 사용한 원재료를 수입할 때 납 부한 관세 등의 세액을 사용한 원재료별로 확인하고 계산하여 환급금을 산 출하는 방식

간이정액환급 수출품목별로 환급해줄 금액을 미리 정하여 간이정액환급 률표를 작성해 놓고 소요원재료별 납부세액을 일일이 계산하지 않고 간이 정액환급률표에 기재된 환급금액을 그대로 환급해 주는 방식

소요량증명서 무역금융이나 관세환급을 받기 위해서 수출품을 생산하는

데 필요한 원자재의 양을 확인하여 발급하는 증명서

분할증명서(분증) 외국에서 수입한 원료를 제조 또는 가공하지 않고 수입한 그대로 수출용원재료로 국내에서 공급하는 경우 해당 원료를 수입할 때 납부한 관세 등의 세액을 증명하는 서류

기초원재료 납세증명서(기납증) 외국에서 수입한 원재료를 가공한 중간원재료를 국내에서 공급받아 수출품을 제조 또는 가공하는 경우 중간원재료의 국내공급업자가 원재료를 수입할 때 납부한 관세 및 내국세의 세액을 증명해 주는 서류

평균세액증명서 수출용원재료를 HSK 10단위별로 통합함으로써 규격 확인을 생략하고 전체 물량의 단위당 평균세액을 산출하여 증명하는 서식으로 개별환급절차를 간소하게 하기 위해서 고안된 제도임

중앙경제평론사 Joongang Economy Publishing Co.
중앙생활사 | 중앙에듀북스 Joongang Life Publishing Co./Joongang Edubooks Publishing Co.

중앙경제평론사는 오늘보다 나은 내일을 창조한다는 신념 아래 설립된 경제 · 경영서 전문 출판사로서 성공을 꿈꾸는 직장인, 경영인에게 전문지식과 자기계발의 지혜를 주는 책을 발간하고 있습니다.

슬기로운 무역취업

초판 1쇄 인쇄 | 2022년 1월 3일
초판 1쇄 발행 | 2022년 1월 7일

지은이 | 이기찬(KeeChan Lee)
펴낸이 | 최점옥(JeomOg Choi)
펴낸곳 | 중앙경제평론사(Joongang Economy Publishing Co.)

대　　표 | 김용주
기　　획 | 백재운
책임편집 | 이상희
본문디자인 | 박근영

출력 | 삼신문화　종이 | 에이엔페이퍼　인쇄 | 삼신문화　제본 | 은정제책사

잘못된 책은 구입한 서점에서 교환해드립니다.
가격은 표지 뒷면에 있습니다.

ISBN 978-89-6054-287-7(03320)

등록 | 1991년 4월 10일 제2-1153호
주소 | ㉾ 04590 서울시 중구 다산로20길 5(신당4동 340-128) 중앙빌딩
전화 | (02)2253-4463(代) 팩스 | (02)2253-7988
홈페이지 | www.japub.co.kr 블로그 | http://blog.naver.com/japub
페이스북 | https://www.facebook.com/japub.co.kr 이메일 | japub@naver.com
♣ 중앙경제평론사는 중앙생활사 · 중앙에듀북스와 자매회사입니다.

도서
주문
www.japub.co.kr
전화주문 : 02) 2253 - 4463

중앙경제평론사/중앙생활사/중앙에듀북스에서는 여러분의 소중한 원고를 기다리고 있습니다. 원고 투고는 이메일을 이용해주세요. 최선을 다해 독자들에게 사랑받는 양서로 만들어 드리겠습니다. **이메일** | japub@naver.com